新商科"互联网+教育"新形态电子商务系列教材

电子商务综合实训

（第3版）

宋艳苹　李朝红◎主编
毕　波　田桂玲　郭道斌◎副主编

电子工业出版社
Publishing House of Electronics Industry
北京·BEIJING

未经许可，不得以任何方式复制或抄袭本书之部分或全部内容。
版权所有，侵权必究。

图书在版编目（CIP）数据

电子商务综合实训 / 宋艳苹，李朝红主编．—3 版．—北京：电子工业出版社，2021.8
ISBN 978-7-121-40743-7

Ⅰ．①电… Ⅱ．①宋… ②李… Ⅲ．①电子商务－高等学校－教材 Ⅳ．①F713.36

中国版本图书馆 CIP 数据核字（2021）第 042308 号

责任编辑：刘淑敏　　　　特约编辑：田学清
印　　刷：北京七彩京通数码快印有限公司
装　　订：北京七彩京通数码快印有限公司
出版发行：电子工业出版社
　　　　　北京市海淀区万寿路 173 信箱　　邮编 100036
开　　本：787×1 092　1/16　　印张：13　　字数：333 千字
版　　次：2013 年 1 月第 1 版
　　　　　2021 年 8 月第 3 版
印　　次：2025 年 1 月第 7 次印刷
定　　价：53.00 元

凡所购买电子工业出版社图书有缺损问题，请向购买书店调换。若书店售缺，请与本社发行部联系，联系及邮购电话：（010）88254888，88258888。
质量投诉请发邮件至 zlts@phei.com.cn，盗版侵权举报请发邮件至 dbqq@phei.com.cn。
本书咨询联系方式：（010）88254199，sjb@phei.com.cn。

前　言

党的二十大报告指出："教育、科技、人才是全面建设社会主义现代化国家的基础性、战略性支撑。必须坚持科技是第一生产力、人才是第一资源、创新是第一动力，深入实施科教兴国战略、人才强国战略、创新驱动发展战略，开辟发展新领域新赛道，不断塑造发展新动能新优势。"这为推动当下和未来一段时间内我国科教及人才事业的发展、构建人才培养体系指明了基本方向。

"互联网+"时代的到来实现了互联网与各个传统行业的无缝衔接，也在一定程度上促进了电子商务的发展。企业通过互联网不仅能实现与顾客全天候的信息交流，还可以通过虚拟商业街、商店及其多方位的信息向人们展示、销售产品或服务。从长远来看，人们会适应和习惯于在网上开展贸易、购物、支付、娱乐、学习和服务等，随之而来的是社会对电子商务人才的需求逐年增加。

《电子商务综合实训》（第 2 版）出版后广受好评。编者在此感谢国内多所院校相关教师的支持和肯定。在众多教师、学生和读者建议的基础上，我们对《电子商务综合实训》（第 2 版）进行了修订，在原版的基础上增加了全国职业院校电子商务技能大赛的相关内容及直播营销、社群营销和微信营销等内容，并对所有案例进行了更新。希望借这次改版的机会，让本教材的内容更加系统化，使本教材更加突出电子商务岗位中新技术、新标准的特点。

本教材有以下五个鲜明的特点。

（1）以电子商务职业认知为前导，以操作流程为核心。本教材主体部分按照学生认知规律，分为赛场模拟、职场实训和创业实践三个模块由浅入深进行编写，充分反映了教材的实用性和实操性。

（2）本教材充分反映了电子商务行业前沿发展方向。从 2018 年到 2019 年，"抖音"等短视频 App 的走红及它们对直播领域的延展，为视频和直播等新媒体从业者提供了一条新的思路。本教材力争反映直播电商发展的最新动态，并挑选行业内有代表性的操作平台进行展示。

（3）本教材结合全国职业院校电子商务技能大赛，充分体现了"以赛促学、以赛促教"的教学理念，可进一步提高学生的电子商务职业能力。

（4）注重"教、学、做"一体化，寓教于做、寓学于做，让学生在"做中学、学中做"，与复合性、可操作性相结合，充分体现行动导向的教学理念。

（5）突出重点，内容新颖，反映新知识、新技术，循序渐进，符合电子商务专业教育教学规律，为学生创新、创业提供了条件。

本书提供了丰富的课程配套资源，主要包括电子课件、电子教案、微课视频、教学日历、教学指南、实验实训等，读者可以登录华信教育资源网（http://hxedu.com.cn ）免费获取。全教材分为三个模块共 11 个实训项目、43 个任务。其中，第一模块由李朝红老师编写，第二模块的实训项目 6 和实训项目 7 由宋艳苹老师编写，实训项目 8 和实训项目 9 由毕波老师编写，第三模块的实训项目 10 由田桂玲老师编写，实训项目 11 由郭道斌老师编写。宋艳苹老师负责本教材的框架构建、统稿和定稿等工作。

序 号	模 块	实训项目	学 时
1	模块一 赛场模拟体验	理论疏导	1
2		模拟网店开设	3
3		网店商品采购	4
4		网店推广	4
5		网店运营	4
6		网店财务处理	4
7	模块二 企业职场实训	理论疏导	1
8		电子商务模式的应用	3
9		网络市场调研	4
10		网络营销推广	4
11		网络客户关系管理	4
12	模块三 网上创业实战	理论疏导	2
13		个人网上创业	10
14		企业商务网站的策划与优化	8
总计			56

本教材在编写过程中参考了大量的教材、著作和文献资料，吸收了国内许多资深商务人士的宝贵经验并采纳了他们的中肯建议，同时本教材得到了电子工业出版社、长春职业技术学院马朝阳院长、长春盘古科技有限公司高级客服经理葛春莲的大力支持和帮助，在此表示衷心的感谢。

由于编写时间和经验所限，加之电子商务的迅速发展变化，本教材不足之处在所难免，敬请广大读者批评指正。

编者

2021 年 1 月

作者简介

宋艳苹，长春职业技术学院教授、吉林省长白山技能名师、长春工匠、吉林省精品课程主持人、吉林省优秀教学团队负责人，在电子商务专业建设与教育教学方面有着丰富的经验。

目 录

第一模块 赛场模拟体验

理论疏导 2

实训项目 1 模拟网店开设 5
  任务一 办公场所设立 5
  任务二 配送中心设立 7
  任务三 网上店铺开设 11
  任务四 网店装修 13

实训项目 2 网店商品采购 16
  任务一 采购投标 16
  任务二 商品入库 18

实训项目 3 网店推广 20
  任务一 网店商品的发布 20
  任务二 SEO 优化 22
  任务三 SEM 推广 24
  任务四 团购与秒杀 26
  任务五 套餐 28
  任务六 促销活动 29

实训项目 4 网店运营 32
  任务一 订单分发 32
  任务二 物流方式的分配与选择 34
  任务三 货物出库 36
  任务四 货物签收 38

实训项目 5　网店财务处理..40
　　任务一　处理应收账款/应付账款..................................40
　　任务二　短贷/还本付息..................................42
　　任务三　支付工资、相关费用及交税操作..................................44
　　任务四　长贷/还本付息..................................49
　　任务五　关账..................................51
　　技能训练..................................53

第二模块　企业职场实训

　　理论疏导..................................56
实训项目 6　电子商务模式的应用..................................59
　　任务一　C2C 电子商务..................................59
　　任务二　B2C 电子商务..................................68
　　任务三　B2B 电子商务..................................72
　　任务四　跨境电子商务..................................77
　　技能训练..................................83
实训项目 7　网络市场调研..................................85
　　任务一　收集整理网络商务信息..................................85
　　任务二　设计网络市场调研问卷..................................91
　　任务三　撰写网络市场调研报告..................................96
　　技能训练..................................99
实训项目 8　网络营销推广..................................101
　　任务一　网络广告的发布..................................101
　　任务二　搜索引擎营销..................................108
　　任务三　网络直播营销..................................112
　　任务四　微信营销..................................115
　　任务五　微店营销..................................123
　　任务六　社群营销..................................128
　　技能训练..................................131

实训项目 9　网络客户关系管理 133
　　任务一　运用电子邮件进行客户关系管理 133
　　任务二　运用 FAQ 进行客户关系管理 137
　　任务三　在线客服系统的应用 143
　　技能训练 154

第三模块　网上创业实战

　　理论疏导 158
实训项目 10　个人网上创业 160
　　任务一　网上开店的准备 160
　　任务二　网上支付申请 164
　　任务三　网上开店 171
　　任务四　网店推广与管理 182
　　技能训练 186
实训项目 11　企业商务网站的策划与优化 187
　　任务一　以营销思想为指导的网站策划与商务网站的设计 187
　　任务二　企业网站推广 192
　　技能训练 199
参考文献 200

第一模块

赛场模拟体验

- 理论疏导
- 实训项目1　模拟网店开设
- 实训项目2　网店商品采购
- 实训项目3　网店推广
- 实训项目4　网店运营
- 实训项目5　网店财务处理

理论疏导

一、相关理论

企业沙盘模拟训练在一种仿真、直观的模拟市场环境中培训学生综合运用各种管理知识和技能，发挥团队的协作精神，领导企业和部门在与众多竞争对手的激烈角逐中获得最大的经济效益和市场份额。

本教材所依托的中教畅享（北京）科技有限公司（简称"ITMC"）的"电子商务综合实训与竞赛系统"，是全国职业院校电子商务技能大赛的专用平台。其包含网店运营推广、网店开设与装修和网络客户服务三个模块，通过这三个模块来实现电子商务环境下企业经营全过程的逼真模拟。我们主要针对网店运营推广模块进行实训。

网店运营推广模块要求学生通过分析数据魔方提供的数据决定自己网店的定位和运营策略，根据运营策略完成开店、推广、运营和财务流程：设立办公场所，建立配送中心，开设店铺；制订采购投标方案，根据采购投标结果完成入库任务；根据运营数据进行搜索引擎优化操作和进行关键词竞价推广；开展团购、秒杀等活动，提高产品转化率；处理订单，配送商品，结算资金；规划资金需求，控制成本，分析财务指标，调整运营策略，使企业利润最大化。

网店运营推广模块将学生分成若干个团队（通常为 10 个团队），每个团队各自经营一个虚拟店铺，每个团队由 4 个人组成（也可根据学生数量进行适当的调整），每个团队中的成员分别担任店铺中的重要职位——店长、推广专员、运营主管和财务主管，每队拥有资金 500（在 ITMC 电子商务综合实训与竞赛系统中，"500"不是人民币中的"500 元"，我们可以把它的计量单位理解成一种虚拟货币的计量单位）。在同一市场环境下，各队按照数据魔方提供的数据在系统的规则下按照任务清单进行操作。

二、实训目的

1. 系统内容全面，和企业岗位无缝对接

在电子商务领域，无论是进入企业从事电商运营方面的工作还是自主创业，都要借助第三方网络平台开设店铺进行产品经营。在店铺的日常管理中，运营是支柱、美工是核心、客服是

窗口。ITMC 电子商务综合实训与竞赛系统正是从运营、美工和客服这三个模块对学生进行培训的，使学生掌握店铺运营的内容和技能，能够在今后的工作中迅速适应其工作岗位。

2. 通过一次次选择，培养学生的决策能力

网店运营推广模块需要根据小组的运营策略完成开店、推广、运营和财务各个步骤，在运营流程的每一步都要进行选择，不同的选择会对运营结果产生不同的影响，所以 ITMC 电子商务综合实训与竞赛系统对培养学生的决策能力是很有帮助的。

3. 分组模拟，培养学生的团队协作意识

在网店运营推广模块，将对学生进行分组定位，各小组成员只有充分发挥各自职责、相互合作，才能实现企业利润的最大化。如果各成员之间不能团结与协作，这将对网店运营的结果产生很大的负面影响。通过多次的分组模拟以及赛后分析总结，各成员能找出自身的优势和不足，同时还能发现同组成员的优势和不足，让学生充分认识到只有通过团队协作才能使网店运营取得好的成绩。

4. 多轮次对抗训练，提升学生的专业素质

在学生已经掌握系统规则和操作的基础上，按照电子商务技能竞赛规则，班级多次开展网店运营推广的比赛，教师有意识地指导学生采用不同的运营策略进行网店运营，让学生体会不同的运营策略带来的不同效果。每一次比赛结束，都要让团队各成员进行总结和反思，让学生发现差距、直面不足。通过多轮次的反复对抗训练，使学生掌握网店运营的基本技巧，学会利用数据魔方进行营销，提升学生的专业素质。

网店运营推广模块需要学生具备搜索引擎优化、关键词竞价推广、市场营销、消费心理学、采购管理、财务管理等方面的知识，通过梳理网店运营推广模块的相关知识和内容，使学生在掌握不同模块的操作基础上完成整个网店的业务流程，有助于学生专业技能和职业素养的培养。

三、实训平台介绍

全国职业院校电子商务技能大赛的 ITMC 电子商务综合实训与竞赛系统是能够模拟电子商务企业运营过程的一种工具，是一款网络营销模拟软件。

在 ITMC 电子商务综合实训与竞赛系统中，通过租赁办公楼及库房、市场调研、广告、物流配送、分季度营销产品等操作，能使学生更直观地了解网络营销的流程。

以下为网络营销的操作流程。

① 投入广告。一般企业第一年投入广告只针对本地市场，只有第一年投入了广告到本地市场，第二年才有区域市场，以此类推。

② 贷款。因开始资金不是很多，企业可贷一部分资金用来购买厂房和机器。

③ 产品研发。产品的研发具有周期性，企业要在每一个周期研发一次产品。

④ 购买厂房和机器。企业最开始的生产是手工线，在保留手工线的基础上，再购买半自动、全自动或者更高级的机器。企业为什么要保留手工线呢？购买机器后需要时间去安装，保留手工线能够不间断生产以保证按时交单。

⑤ 购买原材料。企业购买原材料数量的多少会影响还款期限，一般购买的数量越多还款的期限越长。

⑥ 交单。

第一年结束了，第二年和第一年的步骤一样，企业可根据自己的实际情况进行合理的调整。

实训项目 1

模拟网店开设

任务一 办公场所设立

任务引入

李明和他的团队在 ITMC 电子商务综合实训与竞赛系统的网店运营推广模块通过设立办公场所、配送中心进行开店体验,再以此为基础进行网店的全过程模拟运营。他们应该如何选择并设立办公场所呢?下面我们帮助李明和他的团队完成这个任务。

任务分析

模拟开店的第一步是选择办公场所。在 ITMC 电子商务综合实训与竞赛系统中,设立办公场所包括选择建设城市、选择办公场所类型和招贤纳士三个环节,模拟企业要根据自己的运营策略分别对此任务的三个环节进行选择和应用。

相关知识

1. 选择建设城市

在 ITMC 电子商务综合实训与竞赛系统中,模拟企业可根据不同城市的影响力、租金、工资等信息选择合适的建设城市,并且在全国范围内只能选择一个。

2. 选择办公场所类型

我们可以根据办公场所的容纳人数、租赁价格、维修费用等信息选择合适的办公场所。办公场所有两种类型——普通办公室和豪华办公室。系统提供了这两种办公室的面积、容纳人数、租赁价格、维修费用、管理费用和搬迁费用等参数以供模拟企业参考。

3. 招贤纳士

确定好建设城市和办公场所类型后，店长需要根据模拟企业的运营策略招聘员工。选择员工主要考虑三个方面：员工的基本工资、业务能力和工资增长率。员工的业务能力和职称是挂钩的，企业的职称分为初级经理、中级经理和高级经理，员工的业务能力关系到企业综合评价指数的计算。

任务实施

1. 选择建设城市的操作步骤

在系统左侧窗口的"经营流程"模块中，选择"开店"标签下的"办公场所设立"选项；在右侧窗口中选择"选择建设城市"选项；在右侧窗口中单击要选择的城市，被选中城市的字体颜色变为红色。

2. 选择办公场所类型的操作步骤

在系统左侧窗口的"经营流程"模块中，选择"开店"标签下的"办公场所设立"选项，如图 1-1 所示；在右侧窗口中选择"选择办公场所类型"选项；如要选择普通办公室，可选择"普通办公室"选项，此时该选项被加深显示。

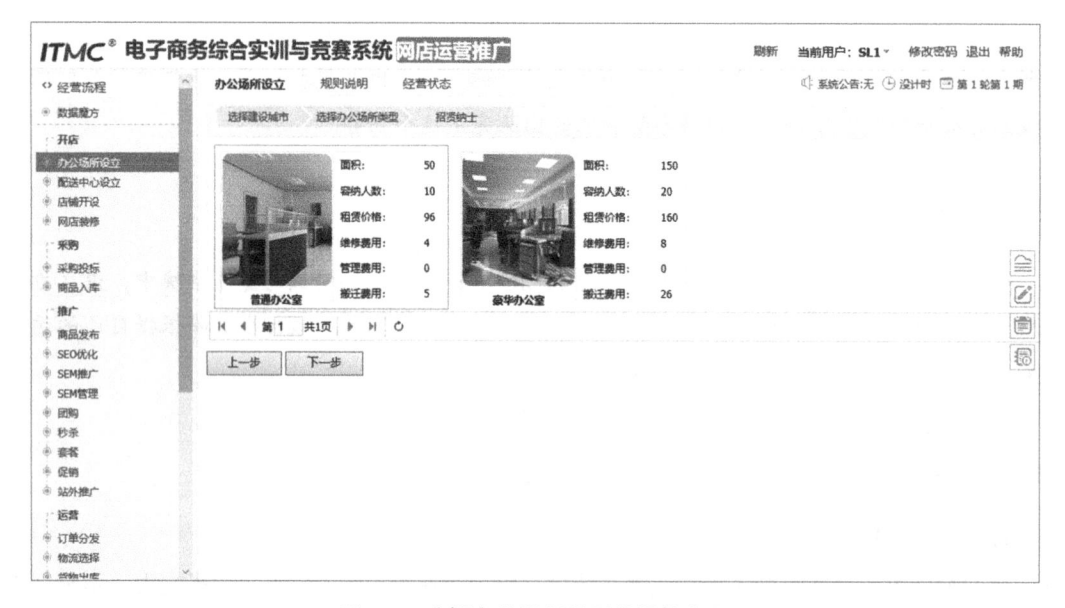

图 1-1　选择办公场所类型的操作步骤

3. 招贤纳士的操作步骤

在系统左侧窗口的"经营流程"模块中，选择"开店"标签下的"办公场所设立"选项；在右侧窗口中选择"招贤纳士"选项，如图 1-2 所示；在要选择的员工姓名前面的复选框中打"√"即可聘用该员工；单击"完成"按钮，此时办公场所设置完毕。

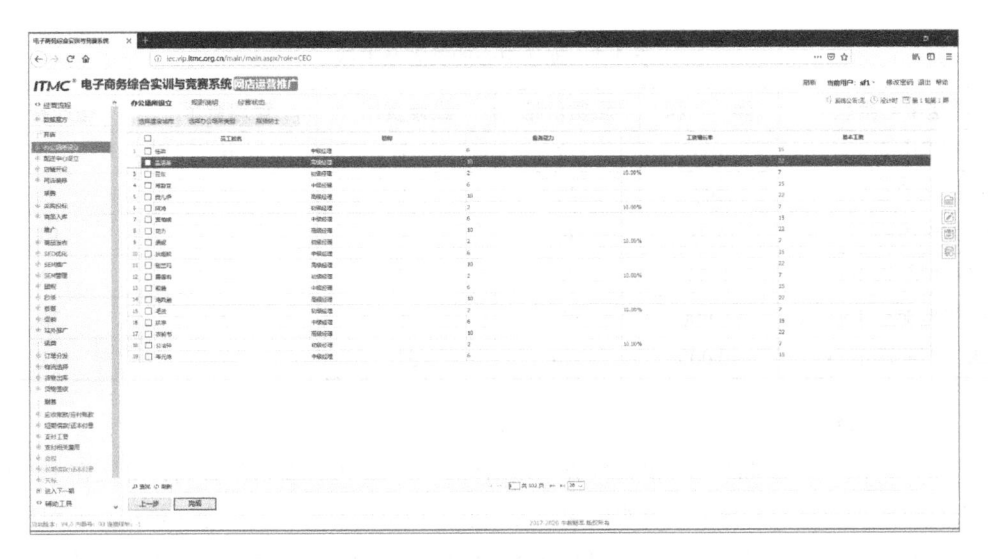

图 1-2　招贤纳士的操作步骤

注：图中"关帐"应为"关账"，下同

任务二　配送中心设立

任务引入

李明和他的团队在 ITMC 电子商务综合实训与竞赛系统的网店运营推广模块通过设立办公场所、配送中心进行开店体验，再以此为基础进行网店的全过程模拟运营。在选择了办公场所后应该如何设立配送中心呢？下面我们帮助李明和他的团队完成这个任务。

任务分析

在选择好了办公场所后，接下来就要进行配送中心设立的操作。在 ITMC 电子商务综合实训与竞赛系统中设立配送中心包括租赁、改建、搬迁、退租和设配区五个环节，模拟企业要根据自己的运营策略分别对此任务的五个环节进行选择和应用。

相关知识

配送中心是指从事货物配备（集货、加工、分货、拣选和配货）及给用户送货的部门。配送中心设立的位置与数量需要根据商品需求人群所在地、物流成本等因素进行决策。模拟企业可根据市场需求及不同城市的租金、工资、物流费用、是否支持邮寄等信息选择合适的城市设立配送中心，并设置配送区域。配送中心的类型有小型配送中心、中型配送中心、大型配送中心、超级小型配送中心、超级中型配送中心和超级大型配送中心六种，各配送中心具体的参数如表 1-1 所示。

表 1-1　配送中心的类型及参数

配送中心类型	体　积	租赁价格	维修费用	管理费用	搬迁费用
小型配送中心	100	32	3	0	2
中型配送中心	200	36	4	0	2
大型配送中心	500	40	8	0	10
超级小型配送中心	4000	96	12	0	18
超级中型配送中心	10 000	192	25	0	36
超级大型配送中心	30 000	384	51	0	72

1．租赁配送中心

租赁是指在约定的期间，出租人将资产使用权让与承租人以获取租金的行为。在 ITMC 电子商务综合实训与竞赛系统中约定租赁期限为一期，即每期支付一次租金。模拟企业租赁配送中心，只有配送中心的使用权，配送中心不属于模拟企业的资产。模拟企业可根据体积、租赁价格、维修费用、管理费用及搬迁费用相关参数选择租赁合适的配送中心。

2．改建配送中心

模拟企业在实际运营的过程中可能发现租赁的配送中心太小了，导致后面采购的商品无法入库。此时可以把原来租赁的体积小的配送中心更改为体积大的配送中心，这时模拟企业只需要再支付两类配送中心的租金差价就可以了。同样，模拟企业在实际运营的过程中也可能发现租赁的配送中心太大了，导致租金的浪费。这时可以把原来租赁的体积大的配送中心更改为体积小的配送中心，但是当期的租金差不再退还，从下一期开始按照体积小的配送中心的租金收取费用。

3．搬迁配送中心

搬迁是指配送中心由一个城市搬到另外一个城市。模拟企业可根据经营需求改变配送中心所在的城市。

4．退租配送中心

退租是把已经租赁的、但闲置的配送中心退掉。如果不选择退租，不管配送中心是否闲置，租赁到期后系统都会默认续租。

5．配送中心设配区

设配区是指配送中心建好后，要设定该配送中心负责配送的城市，否则系统会默认为空（即该配送中心只负责商品入库，无法向任何城市配送货物）。设配区这一步一定要做，否则无法发货。如果在设置配送中心时忘了设配区，也可以随时回到设配区页面进行设配区的设置。

任务实施

1. 租赁配送中心的操作步骤

首先在系统左侧窗口的"经营流程"模块中,选择"开店"标签下的"配送中心设立"选项,然后在如图 1-3 所示的右侧窗口的右上方单击"租赁"按钮;在"地图"选项中选择配送中心所在的城市;在"配送中心类型"选项中单击要选择的类型,被选中的选项颜色加深;单击"完成"按钮,此时配送中心设立完毕,设立结果如图 1-4 所示。

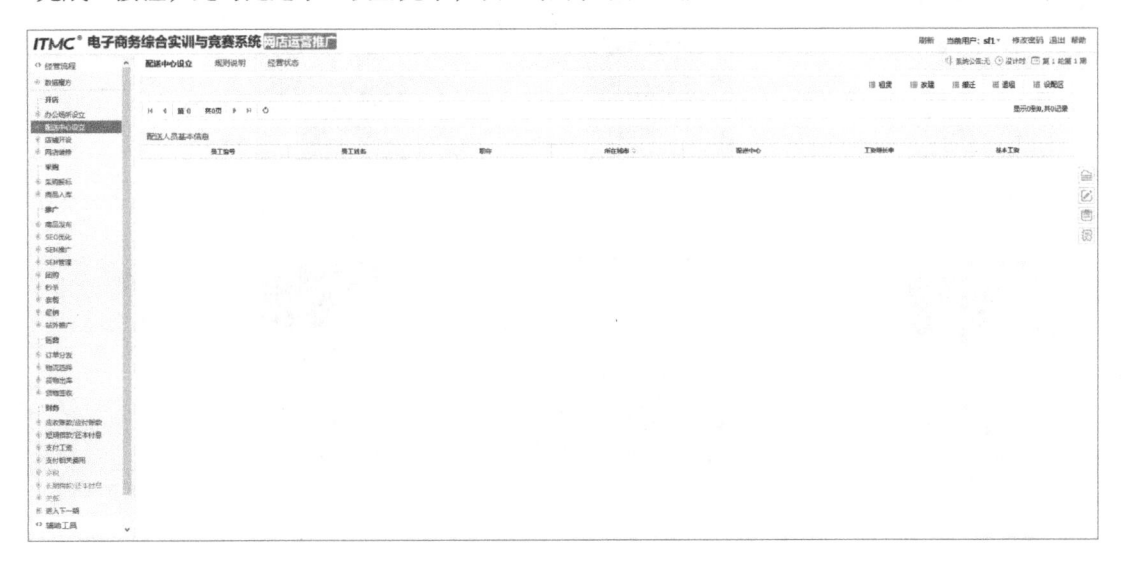

图 1-3 配送中心设立的初始页面

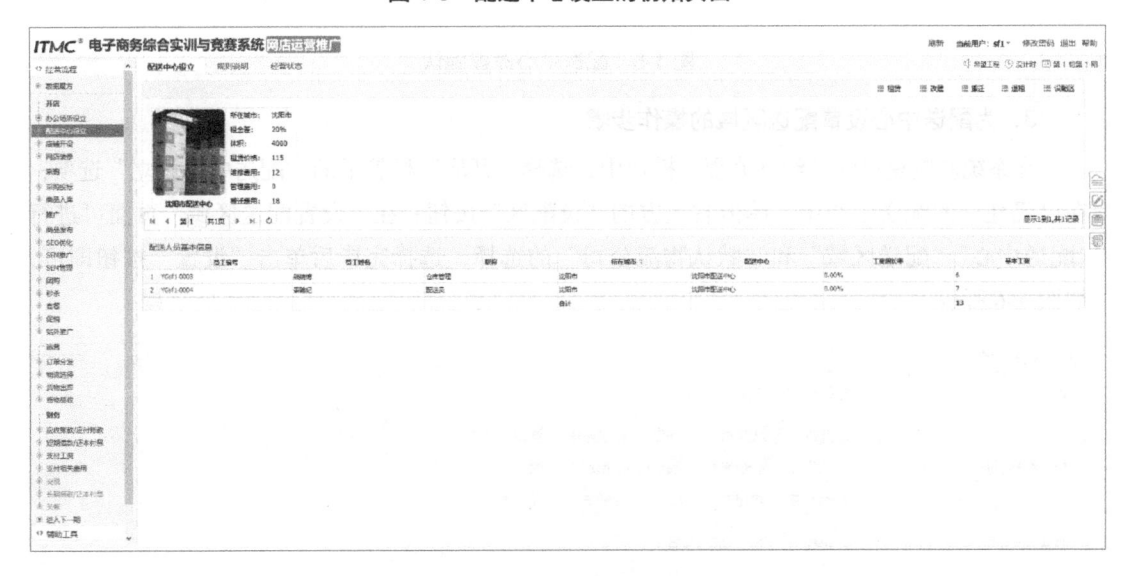

图 1-4 配送中心设立结果页面

2. 改建配送中心的操作步骤

在系统左侧窗口的"经营流程"模块中,选择"开店"标签下的"配送中心设立"选项;在已经建好的配送中心中选择要改建的部分,单击右上方的"改建"按钮,选择要改建成的配送中心类型,被选中的配送中心类型颜色加深;单击"确定"按钮,此时配送中心改建完毕,如图1-5所示。

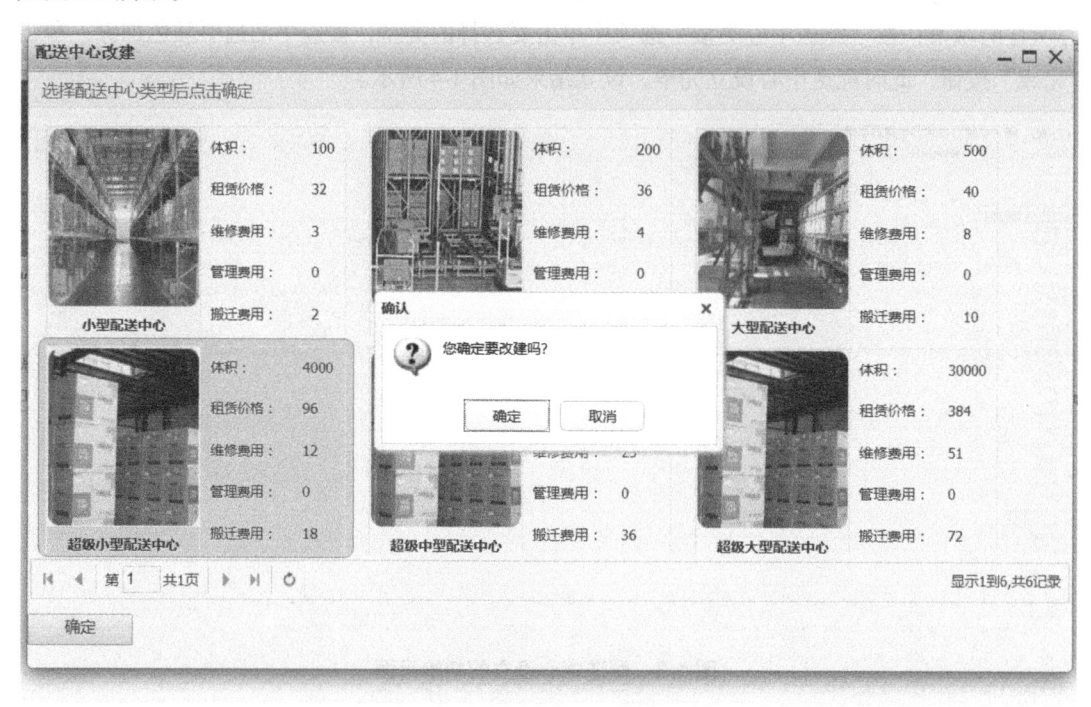

图1-5 配送中心改建确认

3. 为配送中心设置配送区域的操作步骤

在系统左侧窗口的"经营流程"模块中,选择"开店"标签下的"配送中心设立"选项;在已经建好的配送中心中,单击右上方的"设配区"按钮;在"设置配送区域"页面可进行"配送中心""配送区域"和"默认物流公司"的选择,选择完毕后单击"设置"按钮即可,如图1-6所示。

图1-6 设配区的操作页面

任务三　网上店铺开设

任务引入

李明和他的团队在 ITMC 电子商务综合实训与竞赛系统的网店运营推广模块通过设立办公场所、配送中心进行开店体验，再以此为基础进行网店的全过程模拟运营。他们应该如何开设网上店铺呢？下面我们帮助李明和他的团队完成这个任务。

任务分析

在 ITMC 电子商务综合实训与竞赛系统中，模拟开店包括开设 C 店和开设 B 店两个环节，模拟企业要根据自己的运营策略分别对此任务的两个环节进行选择和应用。

相关知识

ITMC 电子商务综合实训与竞赛系统模拟的是电子商务企业的运营，运营是离不开店铺的。系统把店铺分成两类——C 店（个人店铺、集市店铺）和 B 店（商城店铺）。C 店的建立无须资金，类似于淘宝店铺；B 店的建立需要一定的资金和时间，相当于天猫店铺。运营主管应根据模拟企业的经营需求来选择是开设 C 店还是 B 店。

1. 开设 C 店

ITMC 电子商务综合实训与竞赛系统主要用于模拟企业的运营练习，系统对 C 店的开设步骤进行了简化，模拟企业只需要添加店铺名称、经营宗旨及描述三部分内容即可。

2. 开设 B 店

ITMC 电子商务综合实训与竞赛系统主要用于模拟企业的运营练习，系统对 B 店的开设步骤也进行了简化，模拟企业只需要花费一定的资金和时间就可以开设 B 店，无须通过后台的审核。

3. 店铺开设规则

C 店：C 店一经开设就可以投入使用，但 C 店不可以进行站外媒体推广，不能获得品牌人群客户订单。

B 店：B 店的筹备周期为 4 期，每期需要费用 60。B 店的筹备周期可根据运营需求间断进行无须连续，但投入的筹备资金无法退还，投入资金满 4 期后 B 店筹建成功。B 店可以进行站外媒体推广，从而获得品牌人群客户订单。

任务实施

1. C 店开设的操作步骤

在系统左侧窗口的"经营流程"模块中，选择"开店"标签下的"店铺开设"选项，如图 1-7 所示；在右侧窗口中选择"开设 C 店"选项，填写"C 店名称""经营宗旨"和"描述"内容，内容填写完毕后单击"开设 C 店"按钮。C 店的开设结果如图 1-8 所示。

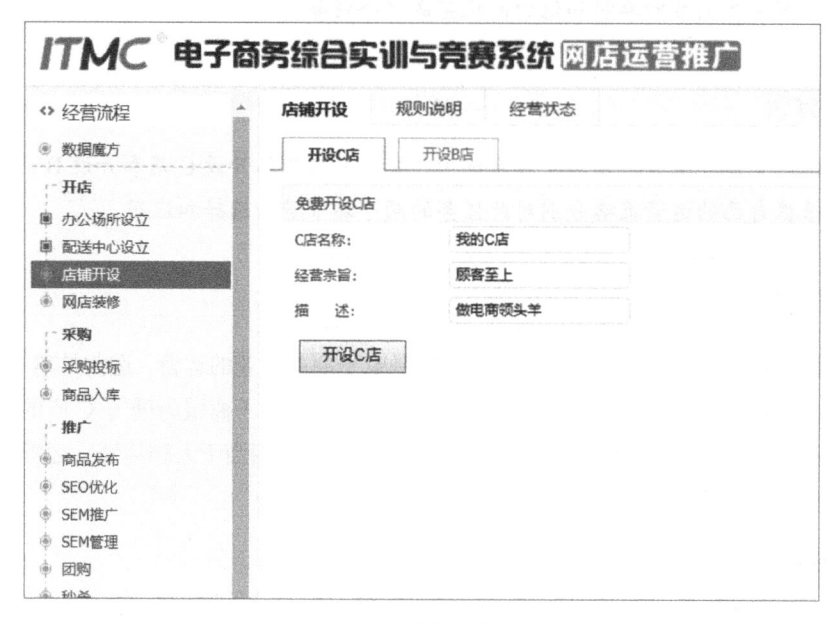

图 1-7 C 店的开设步骤

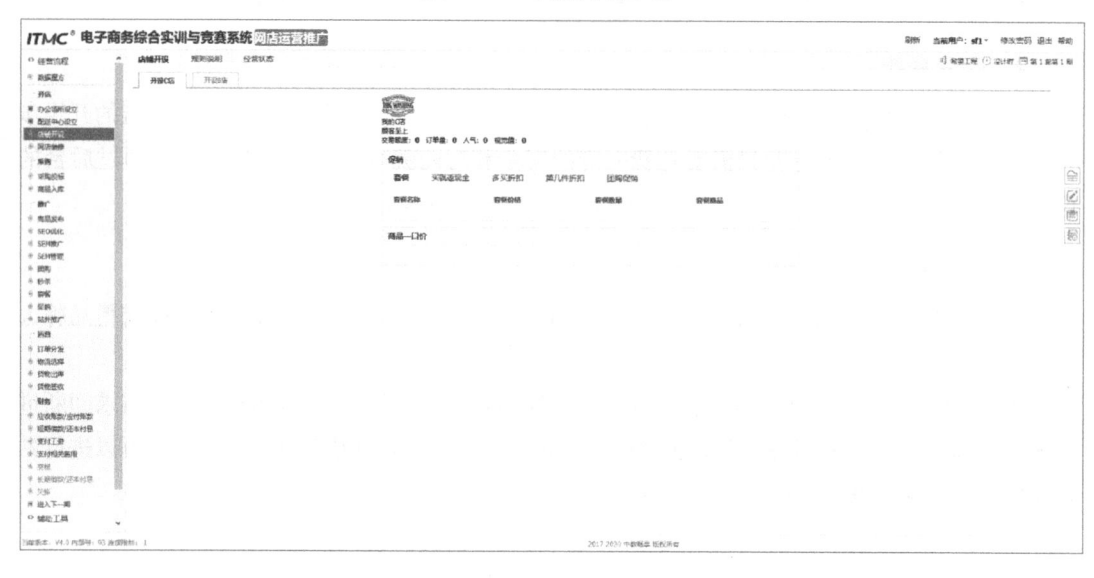

图 1-8 C 店的开设结果

2. B 店开设的操作步骤

在系统左侧窗口的"经营流程"模块中,选择"开店"标签下的"店铺开设"选项,如图 1-9 所示;在右侧窗口中选择"开设 B 店"选项,然后选择"B 店筹建"选项,最后单击"筹建"按钮。

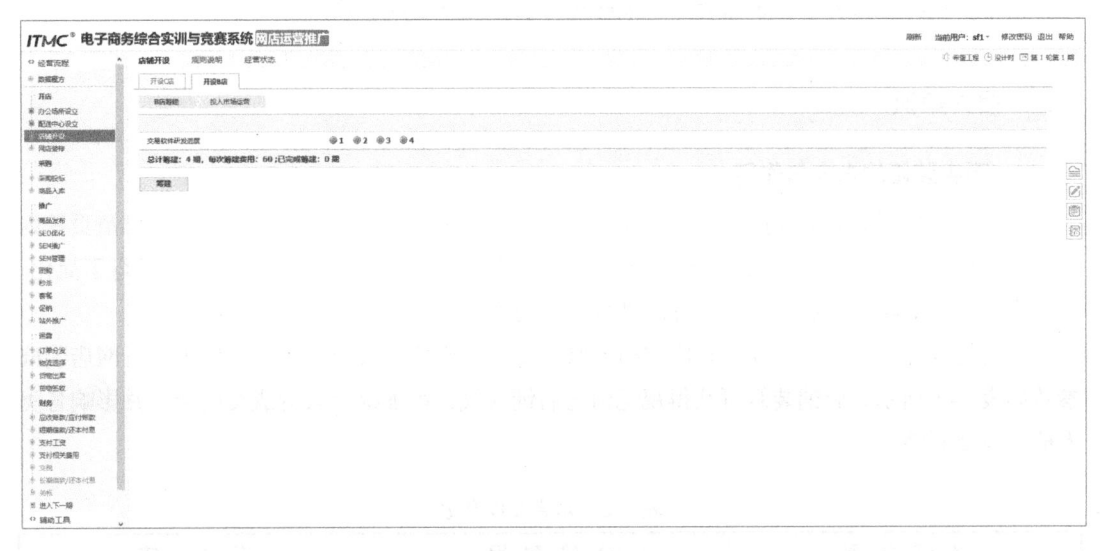

图 1-9 B 店的开设步骤

由于 B 店的设立需要 4 期,因此投资 1 期后,B 店的筹建进度如图 1-10 所示。已筹建过的周期显示红色,未筹建的周期则显示绿色。

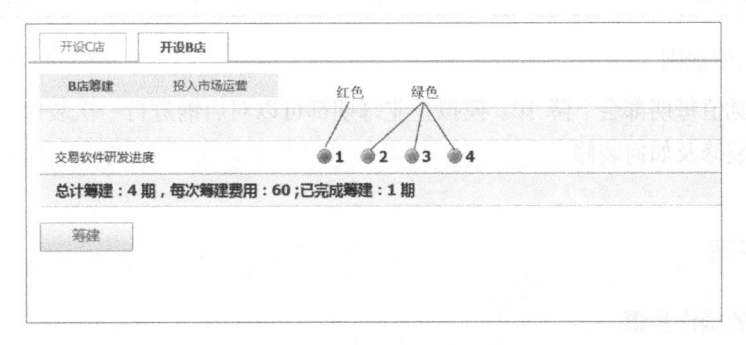

图 1-10 B 店的筹建进度页面

任务四 网店装修

任务引入

李明和他的团队在 ITMC 电子商务综合实训与竞赛系统中进行了网店的开设后,接下来就要进行网店的装修。他们应该如何装修网店呢?下面我们帮助李明和他的团队完成这个任务。

任务分析

网店开设后，模拟企业要根据店铺的经营需求完成网店的装修任务以提升店铺的视觉值，从而能够更好地进行网店的运营与推广。在 ITMC 电子商务综合实训与竞赛系统中网店的装修非常简单，模拟企业要根据自己的运营策略对此任务进行选择和应用。

相关知识

1. 网店装修的内容与作用

网店装修是指对店铺的招牌、自定义模块、自定义页面，以及商品分类、宝贝详情页等内容进行美化、装饰的过程。ITMC 电子商务综合实训与竞赛系统对网店装修的过程进行了简化，模拟企业只需要花费一定的资金就可以进行网店装修。

网店装修分为简装修、普通装修和精装修，每种装修费用及获得的视觉值不同，网店装修参数如表 1-2 所示。店铺装修可获得视觉值与店铺人气，增加综合人群成交机会，并影响各类人群的成交顺序。

表 1-2 网店装修参数

装 修 类 型	装 修 费 用	视 觉 值
简装修	8	5
普通装修	10	10
精装修	15	20

2. 网店装修规则

店铺的视觉值每期都会下降 10。模拟企业每期都可以对店铺进行一次装修，也可根据实际需求决定是否装修及如何装修。

任务实施

网店装修的操作步骤

在系统左侧窗口的"经营流程"模块中，选择"开店"标签下的"网店装修"选项；在右侧窗口中选择"网店装修"选项，选择要装修的网店（因此时 B 店还没有筹建好，所以只显示 C 店），如图 1-11 所示；单击"网店装修"按钮，进入网店装修类型的选择；在"网店装修模板"中选择一种装修模板，被选中的模板颜色加深，如图 1-12 所示；单击"开始装修"按钮，网店装修完毕。

图 1-11　网店装修的操作步骤

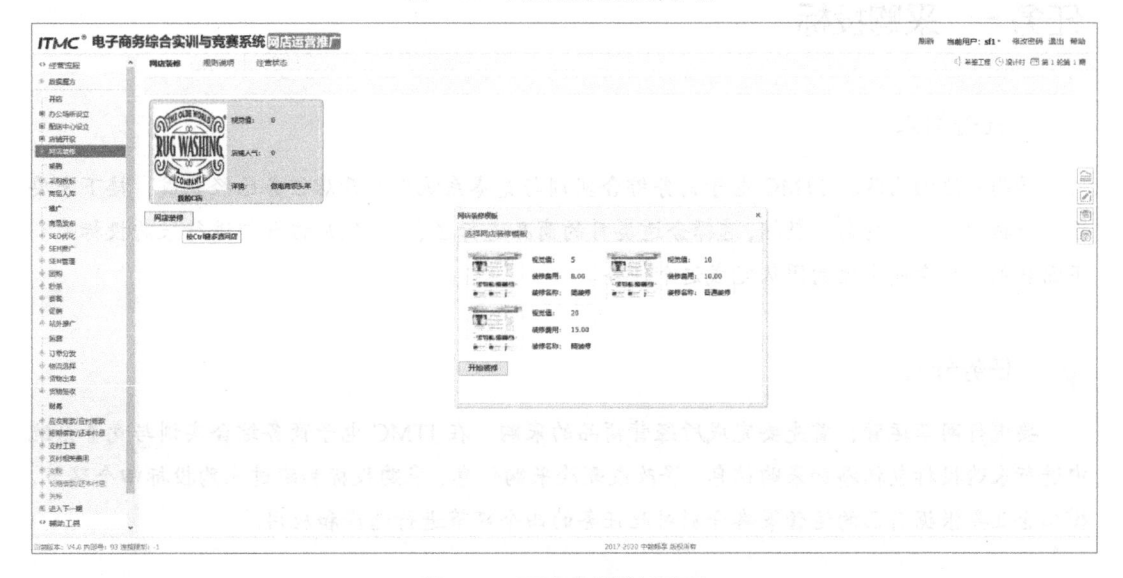

图 1-12　网店装修模板类型

实训项目 2

网店商品采购

任务一　采购投标

任务引入

李明和他的团队在 ITMC 电子商务综合实训与竞赛系统中的开店任务已经完成，接下来要根据数据魔方的市场需求数据，选择合适类目的商品进行经营。他们应该如何进行采购投标呢？下面我们帮助李明和他的团队完成这个任务。

任务分析

要进行网店运营，首先要完成所经营商品的采购。在 ITMC 电子商务综合实训与竞赛系统中进行采购投标包括添加采购信息、修改或删除采购信息、采购投标和跳过采购投标四个环节，模拟企业要根据自己的运营策略分别对此任务的四个环节进行选择和应用。

相关知识

1. 采购投标

采购投标是指模拟企业根据数据魔方的市场需求数据，选择合适类目的商品进行经营。根据供应商提供商品的促销方式、数量、体积、价格制订采购投标方案，通过公开竞标的方式获得该种商品的过程。

企业的经营都是从采购开始的，模拟企业需要先采购商品，然后借助网店销售商品赚取差价。

2. 供应信息

系统每一轮和每一期提供的商品都是不一样的，每次操作的时候供应商的商品供应信息都会显示，例如第一轮第一期的供应信息如图 2-1 所示。

	公司	商品	促销方式	数量	单位体积	最低价格（/件）
1	黄金电子城	油烟机	数量大于:150 信营度375		5	8.00
2	时尚服装厂	裤子	数量大于:50 信营度2100		3	2.00
3	中意家具城	桌子	数量大于:100 信营度210		10	14.00
4	周大福珠宝商	项链	数量大于:160 信营度150		2	20.00

图 2-1　第一轮第一期的供应信息

3. 添加信息

添加信息是指添加一条采购信息，即模拟企业在系统中添加一条采购商品的信息。

4. 修改或删除信息

添加成功的信息可以进行部分信息修改或整条信息删除的相关操作。

5. 采购投标

采购信息添加完毕，即采购投标方案制订好以后，还需要递交投标方案。

6. 跳过采购投标

跳过采购投标是指不进行采购，直接跳过该步骤。模拟企业跳过采购投标要么是企业库存丰富，暂时不需要采购；要么是企业资金不足，无法进行采购。

7. 商品定位

采购投标在 ITMC 电子商务综合实训与竞赛系统运营中起着重要的作用，因为采购是销售的基础，只有采购到适销的商品，模拟企业才能获得可观的利润。否则，如果采购的商品处于衰退期，很难销售出去，则企业将很难获得利润。因此，在采购投标时，不仅要对商品所处的生命周期进行分析，还应结合"波士顿矩阵"对商品进行定位。

任务实施

添加采购信息的操作步骤

在系统左侧窗口的"经营流程"模块中，选择"采购"标签下的"采购投标"选项，如图 2-2 所示；在中间窗口的右上方单击"添加"按钮，在出现的"采购信息"窗口中输入采购城市、采购商品、采购数量和单位价格，单击"保存"按钮，采购信息添加成功。

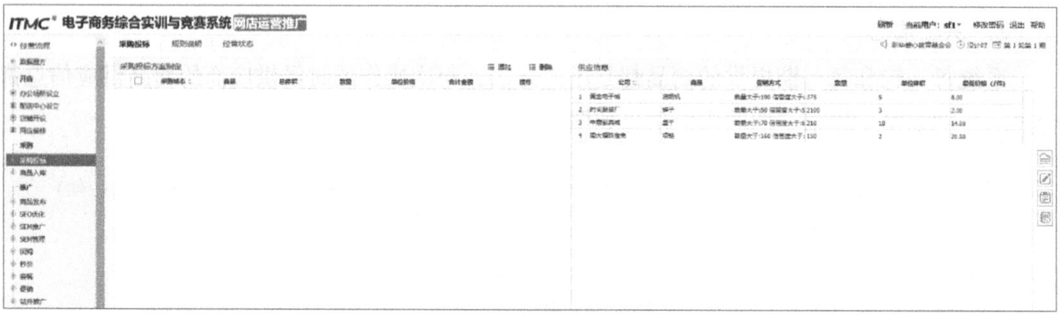

图 2-2 添加采购信息的操作步骤

采购信息添加完成后，系统会自动评判中标单位。采购竞标时，同一种商品按照供应商出价的高低依次进行交易：如果竞标价格相同，则与供应商的关系值大的优先成交；如果竞标价格相同，与供应商的关系值也相同，则媒体影响力大的优先成交；如果商标价格、与供应商的关系值、媒体影响力都相同，则系统会继续比较社会慈善、销售额、投标提交的先后顺序来决定交易顺序。

任务二　商品入库

任务引入

李明和他的团队在 ITMC 电子商务综合实训与竞赛系统中根据数据魔方进行商品采购投标后，接下来就要将系统自动评判的中标商品进行入库处理操作。如何进行商品入库操作呢？下面我们帮助李明和他的团队完成这个任务。

任务分析

采购结束后，在 ITMC 电子商务综合实训与竞赛系统中模拟企业接下来就要将系统自动评判的中标单位所中标的商品进行入库操作。本任务包括商品入库、跳过入库和配送中心扩建三个环节，模拟企业要根据自己的运营策略分别对此任务的三个环节进行选择和应用。

相关知识

1. 商品入库

采购投标结束后，系统会自动评判中标单位。之后，模拟企业要对采购中标的商品进行入库操作，即商品入库。

2. 跳过入库

跳过入库的操作主要在两种情况下执行：一是模拟企业没有采购到商品，无法进行正常的商品入库，这时就需要进行"跳过入库"的操作；二是模拟企业如果在"采购投标"时选择的是"跳过采购投标"，那么这时也需要执行"跳过入库"的操作。

3. 配送中心扩建

若配送中心体积小于所采购商品体积的总和，则需要先进行配送中心扩建，再进行商品入库操作。

任务实施

商品入库的操作步骤

在系统左侧窗口的"经营流程"模块中，选择"采购"标签下的"商品入库"选项；在中间窗口中选择中标的采购订单信息，单击右上方的"商品入库"按钮，如图2-3所示。

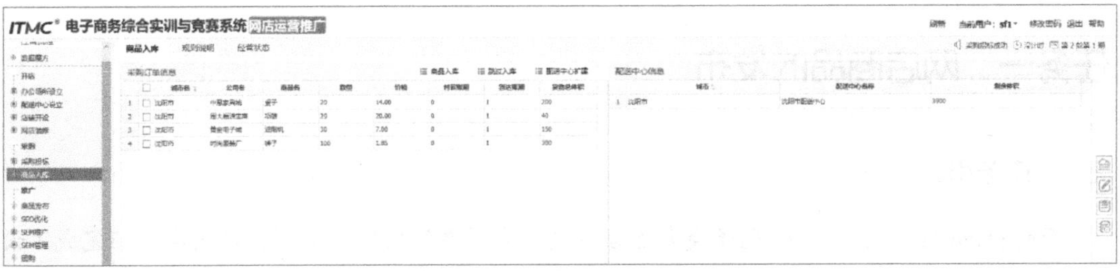

图2-3 商品入库的操作步骤

实训项目 3

网店推广

任务一　网店商品的发布

任务引入

李明和他的团队在 ITMC 电子商务综合实训与竞赛系统的网店运营推广模块已经完成了设立办公场所、设立配送中心、网上开店和网店采购投标及商品入库,接下来就要进行网店的模拟运营推广。网店运营推广前首先要完成的任务就是网店商品的发布,那么应该如何进行商品的发布呢？下面我们帮助李明和他的团队完成这个任务。

任务分析

在 ITMC 电子商务综合实训与竞赛系统中网店要进行商品的发布,主要包括发布新商品、商品下架处理和商品信息修改三个环节,模拟企业要根据自己的运营策略分别对此任务的三个环节进行选择和应用。

相关知识

在真实企业中,发布商品是指企业在电商平台内开设的网店上进行商品上架。在 ITMC 电子商务综合实训与竞赛系统中,发布商品主要是指填写商品的基本信息和物流信息,而不涉及商品的主图和详情页。

1. 发布商品规则

发布商品时应遵循系统规则，否则商品可能无法正常发布。发布商品的规则主要有以下几条。

① 发布商品时若设为卖家承担运费，则商品价格=商品一口价。若商品价格>市场平均价格×（1+不同人群价格浮动率），则为违规价格，违规价格系统不提示，但不能成交。发布商品时，若设为买家承担运费，则商品价格=（商品一口价×购买数量+物流运费）÷购买数量。若商品价格>市场平均价格×（1+不同人群价格浮动率），则为违规价格。

② 不同人群（品牌人群、低价人群、犹豫不定人群、综合人群）价格浮动率由教师端设置。系统默认设置为：品牌人群价格浮动 0.2（20%），低价人群价格浮动 0.1（10%），犹豫不定人群价格浮动 0.1（10%），综合人群价格浮动 0.2（20%）。

③ 发布商品时，不管设为卖家承担运费还是买家承担运费，卖家都是按照实际的物流信息（"辅助工具"菜单下面可以查询物流信息）支付物流公司运费的。

④ 商品发布数量=库存数量+预售数量。系统允许商品预售，但是预售数量不能超过 20 件，若产生交易，必须按照买家要求的到货期限交货，否则卖家将承担违约责任。

2. 商品上架

商品上架是指将商品发布在系统的店铺内进行销售，买家和其他模拟企业都可以看到该商品的信息。商品发布成功后默认处于上架状态，处于上架状态的商品可以进行销售。

3. 商品下架

下架的商品不再在系统的店铺内进行销售，买家和其他模拟企业都无法看到该商品的信息，处于下架状态的商品无法进行销售。

4. 商品修改

已经发布的商品在结束站外推广之前都可以进行信息的修改。

任务实施

发布新商品的操作步骤

在系统左侧窗口的"经营流程"模块中，选择"推广"标签下的"商品发布"选项，如图 3-1 所示；在右侧窗口的右上方单击"发布新商品"按钮；在"发布新商品"对话框中，设置商品信息；商品信息设置完成后，单击"发布"按钮即可完成操作。

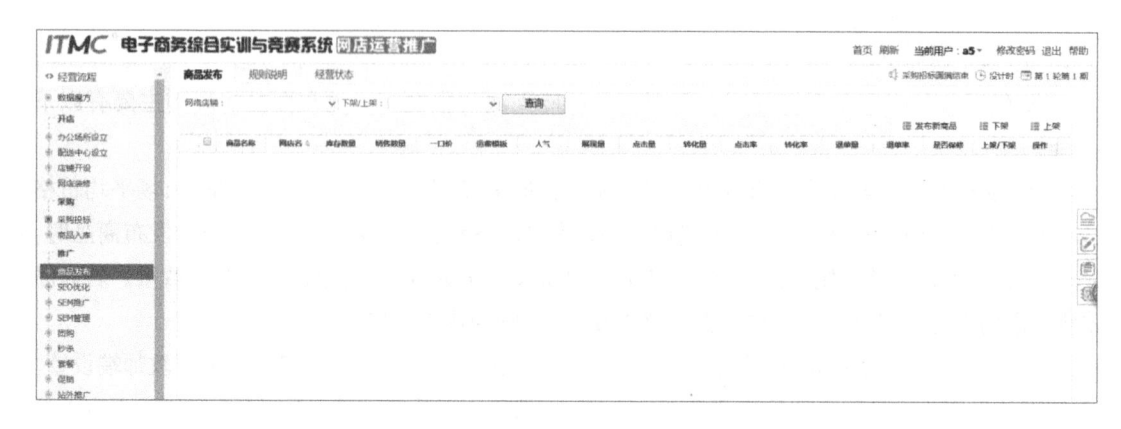

图 3-1　发布新商品的操作步骤

任务二　SEO 优化

任务引入

李明和他的团队在 ITMC 电子商务综合实训与竞赛系统的网店运营推广模块，已经完成了设立办公场所、设立配送中心、网上开店和网店采购投标、商品入库及商品发布工作。网店在模拟运营推广前要完成 SEO 优化任务，那么网店应该如何进行 SEO 优化呢？下面我们帮助李明和他的团队完成这个任务。

任务分析

在 ITMC 电子商务综合实训与竞赛系统中网店进行商品的发布后，接下来要进行基于搜索引擎的优化，即 SEO 任务。模拟企业要根据自己的运营策略对此任务进行选择和应用。

相关知识

1. SEO 的含义

搜索引擎优化（Search Engine Optimization，SEO）是利用搜索引擎的规则提高网店在相关搜索引擎内自然排名的过程。因为是提高网店商品的自然排名，所以 SEO 优化是免费的。在 ITMC 电子商务综合实训与竞赛系统中，SEO 优化是指通过优化自己店铺商品的标题关键词来匹配买方的搜索习惯。在买方搜索某个关键词时系统展示与该关键词相关的自己店铺的商品，从而使网店取得靠前的自然排名的过程。关键词的设置会直接影响进店流量，进而影响商品的销售。

2. SEO 规则

每个商品最多可设置 7 个关键词，关键词之间用分号隔开；如果所设关键词超过 7 个，则按顺序保存前 7 个；每个关键词总字数不能超过 10 个。

SEO 商品排名得分=SEO 关键词排名得分×0.4+商品绩效得分×0.06，SEO 商品排名得分高者排名前列。

SEO 关键词排名得分=关键词搜索相关性（数据魔方提供）×SEO 关键词匹配方式得分。

SEO 关键词匹配方式分为完全匹配、高度匹配和部分匹配。当买方搜索的词与卖方设置的标题关键词完全相同时称为完全匹配；当买方搜索的词是卖方设置的标题关键词的子集时称为高度匹配；当买方搜索的词与卖方设置的标题关键词文字部分匹配时称为部分匹配。

任务实施

SEO 优化的操作步骤

在系统左侧窗口的"经营流程"模块中，选择"推广"标签下的"SEO 优化"选项；在右侧的窗口中单击商品列表后面的"SEO 优化"按钮；在弹出的"SEO 标题优化"对话框中，单击"我要淘词"按钮；在"淘关键词"对话框的左侧选择商品种类，如图 3-2 所示。

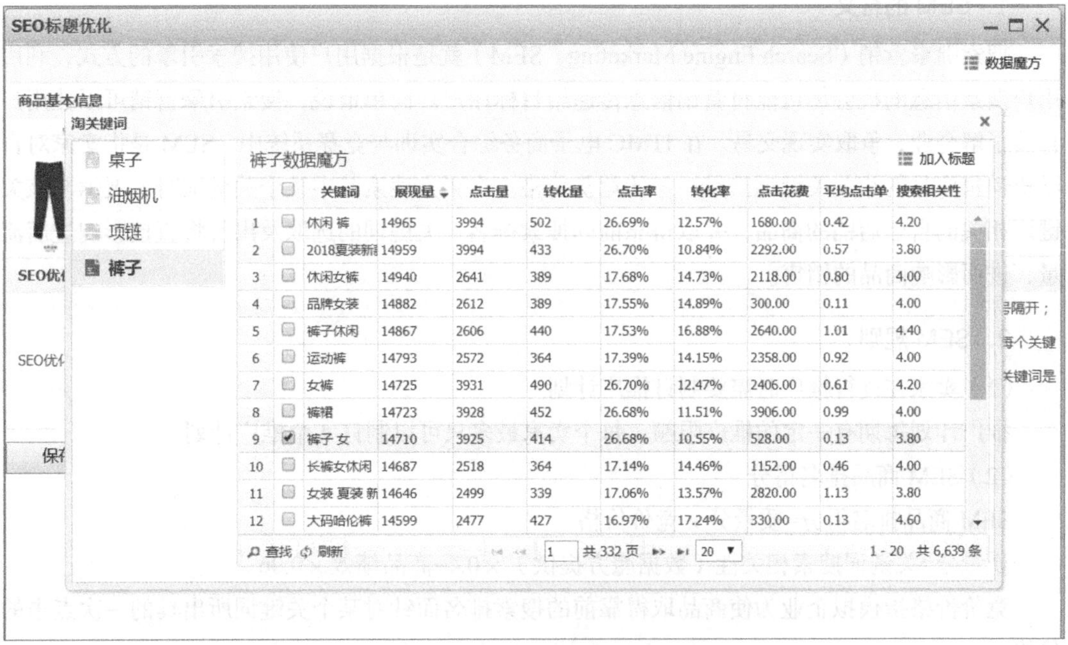

图 3-2 SEO 优化的操作步骤

任务三　SEM 推广

任务引入

李明和他的团队在 ITMC 电子商务综合实训与竞赛系统的网店运营推广模块完成了 SEO 优化后，接下来就要进行搜索引擎营销，即 SEM 推广。网店应该如何进行 SEM 推广呢？下面我们帮助李明和他的团队完成这个任务。

任务分析

在 ITMC 电子商务综合实训与竞赛系统中网店要进行 SEM 推广，主要包括我要充值、我要提现、新建 SEM 推广计划、在 SEM 推广计划中添加商品、暂停推广计划、开始推广计划、我要推广、暂停推广组和开始推广组九个环节，模拟企业要根据自己的运营策略分别对此任务的九个环节进行选择和应用。

相关知识

1. SEM 的含义

搜索引擎营销（Search Engine Marketing，SEM）就是根据用户使用搜索引擎的方式，利用用户搜索信息的机会尽可能将营销信息传递给目标用户。简单地说，搜索引擎营销可以让用户直接了解企业，争取实现交易。在 ITMC 电子商务综合实训与竞赛系统中，SEM 是指卖家对自己所销售商品的相关关键词出具一定的竞价价格。在买方搜索其中某个关键词时，展示与该关键词相关的自己店铺的商品，并取得靠前的搜索排名。关键词的选取及出价将直接影响进店流量，进而影响商品的销售。

2. SEM 规则

（1）卖家在进行推广时需要制订推广计划

推广计划每期有一定的推广限额，每个卖家最多只可以制订 4 个推广计划。

（2）SEM 商品排名得分

SEM 商品排名得分=质量分 × 竞价价格。

质量分=关键词搜索相关性（数据魔方提供）× 0.4+商品绩效 × 0.06。

竞价价格指模拟企业为使商品取得靠前的搜索排名而针对某个关键词所出具的一次点击的价格。

（3）SEM 关键词匹配方式

SEM 关键词匹配方式分为精确匹配、中心匹配和广泛匹配三种。匹配方式不同，关键词被搜索到的概率也不同：精确匹配时，只有当买方搜索的词与卖方设置的关键词完全相同才能被搜索到；中心匹配时，当买方搜索的词是卖方设置的关键词的子集时就能被搜索到；广泛匹配时,买方搜索的词与卖方设置的关键词有一部分相同即可被搜索到。

(4)商品绩效得分

商品绩效得分=商品点击率得分+商品点击量得分+商品转化率得分+商品转化量得分+商品退单率得分+保修得分。

3. 我要充值

进行 SEM 推广必须先充值,如果 SEM 推广账户余额为"0"则系统无法进行 SEM 推广。

任务实施

1. 新建 SEM 推广计划的操作步骤

在系统左侧窗口的"经营流程"模块中,选择"推广"标签下的"SEM 推广"选项,如图 3-3 所示;在右侧窗口的右上方单击"新建推广计划"按钮;在"新推广计划"对话框中,输入"推广计划名称"和"每期限额"后单击"保存"按钮,如图 3-4 所示。

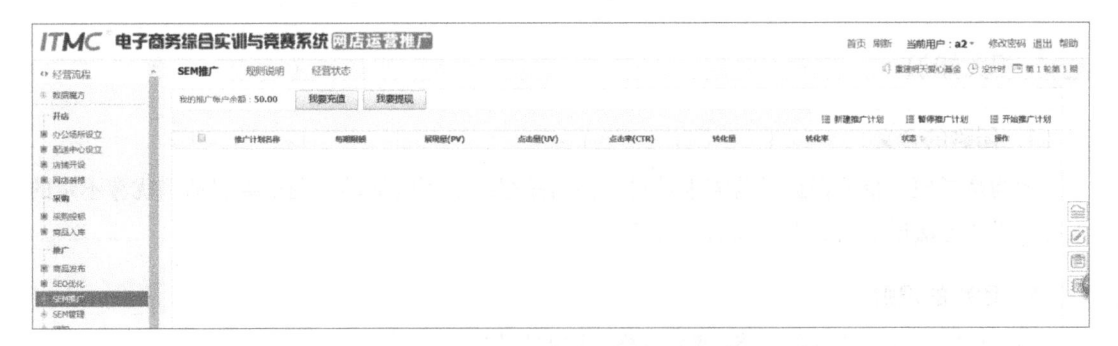

图 3-3 新建 SEM 推广计划的操作步骤

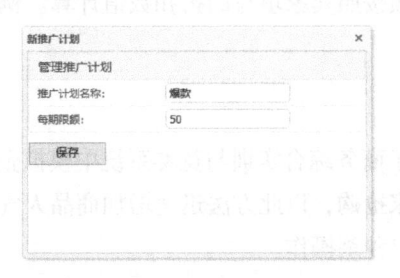

图 3-4 SEM 新推广计划

需要注意的是,这时仅仅是建立了一个推广计划(如"情人节""双 11""双 12"推广计划),该推广计划里面并没有添加具体的商品。

2. 在 SEM 推广计划中添加商品的步骤

在添加推广商品的推广计划上双击后,在出现的对话框中单击"我要推广"按钮;在"新建推广组"中输入推广组的名称、默认竞价,选择推广商品,设置好后单击"保存"按钮即可完成操作。

任务四　团购与秒杀

任务引入

李明和他的团队在 ITMC 电子商务综合实训与竞赛系统的网店运营推广模块完成了 SEM 推广任务后，接下来就要针对商品组织团购活动或秒杀活动，以此来吸引那些有购买需求但是还在犹豫的人群。网店应该如何进行团购与秒杀活动呢？下面我们帮助李明和他的团队完成这个任务。

任务分析

在 ITMC 电子商务综合实训与竞赛系统中网店要进行团购与秒杀活动，主要包括团购的添加、团购的删除、团购的上架、团购的下架、开启秒杀和结束秒杀六个环节，模拟企业要根据自己的运营策略分别对此任务的六个环节进行选择和应用。

相关知识

1．团购的含义

团购是指模拟企业根据经营需求针对某种商品组织的团购活动，用来吸引那些犹豫不定的人群，以此方法增加商品人气和店铺人气。

2．团购的规则

（1）买家要支付的团购价格=商品价格×团购折扣。

（2）买家享受的折扣额按照卖家填写的折扣数值计算。例如卖家填写"8"，买家即可享受八折优惠。

3．秒杀的含义

秒杀是指在 ITMC 电子商务综合实训与竞赛系统中模拟企业根据经营需求发布若干件折扣为五折的商品用来吸引买家抢购，以此方法迅速增加商品人气和店铺人气。为吸引买家抢购，卖家可对店铺滞销商品开启秒杀操作。

4．秒杀的规则

（1）秒杀价格

秒杀价格=商品价格×50%。

（2）秒杀收获的人气

一个秒杀订单可使模拟企业获得商品人气4、店铺人气4。

（3）秒杀适用人群

秒杀适用于所有人群。

任务实施

1. 添加团购的操作步骤

在系统左侧窗口的"经营流程"模块中,选择"推广"标签下的"团购"选项,如图3-5所示;在右侧窗口的右上方单击"添加"按钮;在"添加新团购"对话框中,输入"团购名称""团购的商品""团购折扣""最少购买数量"和"商家编码"后单击"保存"按钮即可完成操作。

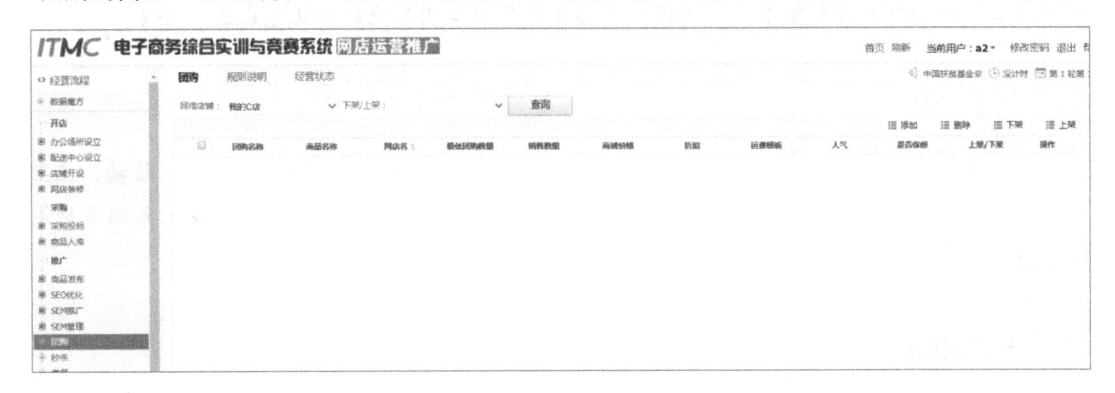

图 3-5　添加团购的操作步骤

2. 开启秒杀的操作步骤

在系统左侧窗口的"经营流程"模块中,选择"推广"标签下的"秒杀"选项,如图3-6所示;在右侧窗口系统发布的商品信息中,勾选要开启秒杀的商品后,单击窗口右上方的"开启秒杀"按钮即可完成操作。

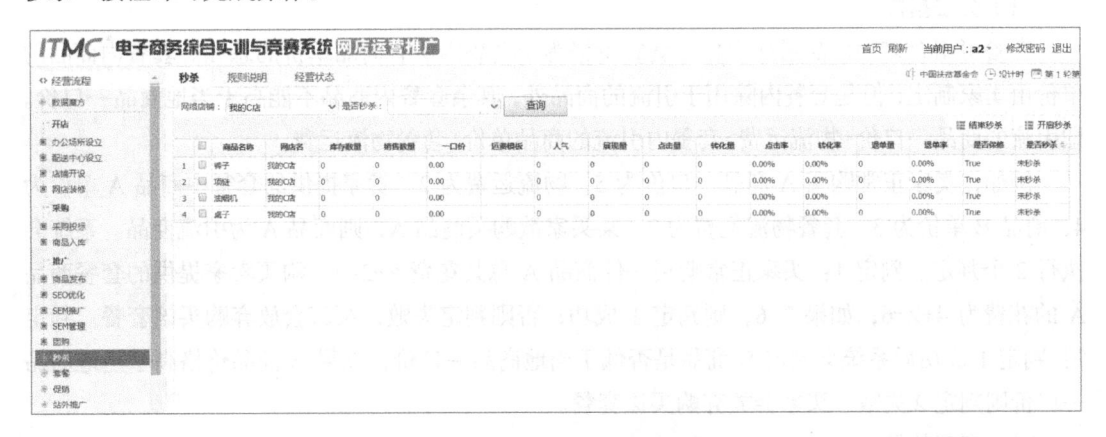

图 3-6　开启秒杀的操作步骤

任务五　套餐

任务引入

李明和他的团队在 ITMC 电子商务综合实训与竞赛系统的网店运营推广模块完成了团购和秒杀推广后,接下来就要对多种商品组合搭配进行套餐销售,以提升客单价,最终提升销售额。那么网店应该如何进行套餐推广活动呢?下面我们帮助李明和他的团队完成这个任务。

任务分析

在 ITMC 电子商务综合实训与竞赛系统中网店要进行多种商品的搭配套餐推广活动,主要包括添加新套餐、套餐的上架和套餐的下架三个环节,模拟企业要根据自己的运营策略分别对此任务的三个环节进行选择和应用。

相关知识

1. 套餐的含义

套餐是指模拟企业根据经营需求对多种商品组合搭配进行销售,以此吸引买家抢购,增加商品人气和店铺人气。

2. 套餐的规则

（1）套餐搭配

套餐可组合多种商品搭配出售,套餐价格等于套餐内所有商品单价的总和。套餐内商品的单价由卖家制定,但是套餐内除用于引流的商品外,其余套餐内商品不能高于当地商品一口价。即引流的商品一口价+物流运费>套餐内引流的商品单价+套餐物流运费。

例如,卖家正常购买 A 商品一口价为 5,物流运费为 2。卖家提供的套餐中商品 A 单价为 4,商品 B 单价为 3,套餐物流运费为 2。某买家欲购买商品 A,则商品 A 为引流商品。系统会执行 2 个判定。判定 1：买家正常购买一件商品 A 总共花费 5+2=7；购买卖家提供的套餐商品 A 的花费为 4+2=6；如果 7>6,则判定 1 成功；否则判定失败,买家会放弃购买该套餐。判定 2：判定 1 成功后系统会判定 B 商品是否低于当地商品一口价,如果 B 商品价格高于当地商品一口价则判定 2 失败,买家会放弃购买该套餐。

（2）套餐数量

在添加套餐时,套餐数量设置不受实际库存限制,模拟企业可根据实际经营情况进行"套餐件数"的填写。

（3）套餐获得的人气

套餐商品只生成一个订单。一个套餐订单模拟企业可获得商品人气 2、店铺人气 2。

（4）套餐适用人群

套餐适用于所有人群。

任务实施

添加新套餐的操作步骤

在系统左侧窗口的"经营流程"模块中，选择"推广"标签下的"套餐"选项，如图3-7所示；在右侧窗口的右上方单击"添加新套餐"按钮；在"添加新套餐"对话框中，单击"添加"按钮，输入"套餐基本信息""套餐物流信息""售后保障信息"相关内容后，单击"保存"按钮即可完成操作。

图 3-7 添加新套餐的操作步骤

任务六 促销活动

任务引入

李明和他的团队在 ITMC 电子商务综合实训与竞赛系统的网店运营推广模块完成了团购、秒杀、套餐推广任务后，接下来要进行促销活动。网店应该如何开展促销活动呢？下面我们帮助李明和他的团队完成这个任务。

任务分析

在 ITMC 电子商务综合实训与竞赛系统中网店的促销活动，主要包括满就送促销、多买折扣促销和买第几件折扣促销三种，模拟企业要根据自己的运营策略分别对此任务的三种促销活动进行选择和应用。

相关知识

1. 促销的含义

促销是指模拟企业根据经营需求，对某种或某几种商品进行满就送促销、多买折扣促销、买第几件折扣促销等活动，用来吸引买家抢购，增加商品人气和店铺人气。

2. 促销的规则

（1）促销获得的人气

一条促销订单，模拟企业可获得商品人气 2 和店铺人气 2。

（2）促销适用人群

促销适用于所有人群。

3. 满就送促销

满就送促销是指订单类型为正常购买（订单类型分为正常购买、秒杀、团购和套餐四种类型）的情况下，成交总金额达到卖家设定的金额时买家即可享受返现的优惠活动。模拟企业可以根据经营需求设定促销活动范围，选择参加活动的商品。当正常购买的成交总金额大于或者等于设定的金额时：成交总金额（包邮）=商品价格×商品件数-总优惠额；成交总金额（不包邮）=商品一口价×商品件数+总物流运费-总优惠额。

4. 多买折扣促销

多买折扣促销是指买家一次性正常购买商品的数量达到卖家设定数量后，可享受折扣促销活动。折扣额按照卖家填写折扣数值享受，如卖家填写"8"，买家就可享受八折优惠。包邮时，成交总金额=商品价格×商品件数×折扣数值×0.1；不包邮时，成交总金额=（商品一口价×商品件数+总物流运费）×折扣数值×0.1。

5. 买第几件折扣促销

买第几件折扣促销是指设定一个第几件折扣数值，当买家购买的商品数量达到这个数量时，此件商品可享受折扣优惠，下一件商品再重新计数，以此类推。折扣额直接填写折扣数值，如八折就填写"8"。成交总金额=商品价格×商品件数-单个优惠金额×优惠商品数量；单个优惠金额=商品价格×（1-折扣数值×0.1）；优惠商品数量（向下取整）=商品件数÷第几件折扣数。

任务实施

1. 满就送促销的操作步骤

在系统左侧窗口的"经营流程"模块中，选择"推广"标签下的"促销"选项；在右侧窗口中选择"满就送促销"选项，然后单击右上方的"添加"按钮，如图3-8所示；在弹出的"添加促销信息"对话框中，填写"促销名称""活动限制""商品范围""金额要求"和"优惠金额"相关信息后，单击"保存"按钮即可完成操作。

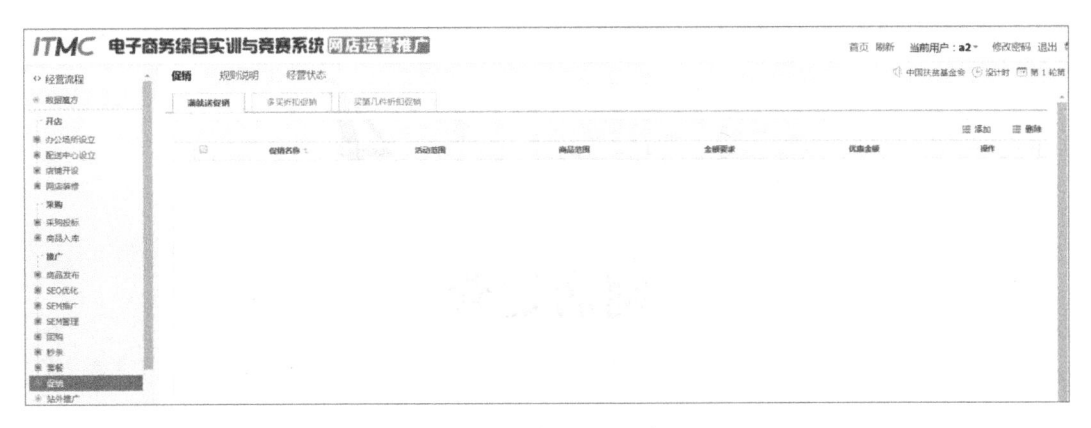

图 3-8 满就送促销的操作步骤

2. 多买折扣促销的操作步骤

在系统左侧窗口的"经营流程"模块中,选择"推广"标签下的"促销"选项;在右侧窗口中选择"多买折扣促销"选项;然后单击右上方的"添加"按钮,如图 3-9 所示;在弹出的"添加促销信息"对话框中,填写"促销名称""活动限制""商品范围""购买最少件数"和"享受折扣"相关信息后,单击"保存"按钮即可完成操作。

图 3-9 多买折扣促销的操作步骤

实训项目 4

网店运营

任务一 订单分发

任务引入

李明和他的团队在 ITMC 电子商务综合实训与竞赛系统的网店运营推广模块已经完成了 SEO 优化、站内及站外等推广任务后,接下来就要对系统根据各个推广任务的策略与应用情况生成的订单进行分发了。网店应该如何进行订单的分发呢?下面我们帮助李明和他的团队完成这个任务。

任务分析

在 ITMC 电子商务综合实训与竞赛系统中网店订单的分发,包括订单统计、配送中心信息、订单分发、分批自动分发和全部自动分发五个环节,模拟企业要根据自己的运营策略分别对此任务的五个环节进行选择和应用。

相关知识

1. 订单分发的含义

订单分发是指模拟企业将订单进行整理、分类后,根据其要到达的城市,选择合适的配送中心准备出库的过程。

2. 订单分发的规则

订单分发分为手动分发和自动分发两种。手动分发需要操作者为每张订单选择货物出库的配送中心；自动分发则按照系统中订单的顺序，根据配送中心已设定好的配送范围内的城市，自动选择货物出库的配送中心，自动分发可以选择全部自动分发或者分批自动分发。

任务实施

1. 查看订单统计的操作步骤

在系统左侧窗口的"经营流程"模块中，选择"运营"标签下的"订单分发"选项，如图4-1所示；在右侧窗口的左上方选择"订单分发"选项；单击窗口右上方的"订单统计"按钮后，系统会弹出"订单统计信息"对话框。

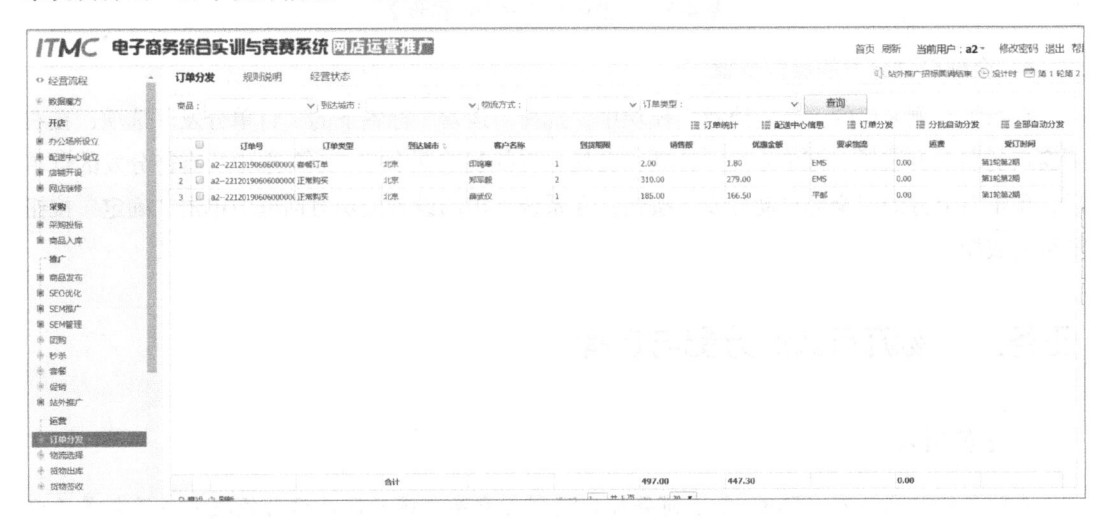

图 4-1 查看订单统计的操作步骤

2. 订单分发的操作步骤

在系统左侧窗口的"经营流程"模块中，选择"运营"标签下的"订单分发"选项；在右侧窗口的左上方选择"订单分发"选项；在要分发的订单前面的复选框中打"√"即可选中该订单，也可勾选该列表最上方的复选框选中所有订单，然后单击右上方的"订单分发"按钮即可完成操作。

3. 分批自动分发的操作步骤

在系统左侧窗口的"经营流程"模块中，选择"运营"标签下的"订单分发"选项；在右侧窗口的左上方选择"订单分发"选项；在右侧窗口显示的待分发订单中勾选要分发的订单后，单击右上方的"分批自动分发"按钮，如图4-2所示；在系统弹出的设置成功对话框中单击"确定"按钮即可完成操作。

图 4-2　分批自动分发的操作步骤

4. 全部自动分发的操作步骤

在系统左侧窗口的"经营流程"模块中，选择"运营"标签下的"订单分发"选项；在右侧窗口的左上方选择"订单分发"选项；在最上方的复选框中打"√"选中所有待分发的订单后，单击右上方的"全部自动分发"按钮；在系统弹出的设置成功对话框中单击"确定"按钮即可完成操作。

任务二　物流方式的分配与选择

任务引入

李明和他的团队在 ITMC 电子商务综合实训与竞赛系统的网店运营模块完成了订单的分发，接下来要对已经分发的订单进行物流方式的分配与选择。网店应该如何进行物流方式的分配与选择呢？下面我们帮助李明和他的团队完成这个任务。

任务分析

在 ITMC 电子商务综合实训与竞赛系统中网店要进行物流方式的分配与选择，主要包括订单统计、配送中心信息、安排物流、分批自动安排和全部自动安排五个环节的操作，模拟企业要根据自己的运营策略分别对此任务的五个环节进行选择和应用。

相关知识

1. 物流选择的含义

物流选择是指模拟企业对已经指定配送中心的订单进行整理、分类，选择适当的物流方式准备出库的过程。

2. 物流选择的规则

（1）物流运输方式

物流的运输方式主要有快递、EMS 和平邮三种。在 ITMC 电子商务综合实训与竞赛系统中，若物流运输方式选择快递，则运输周期为 2 期，即本期发货，下期到达；若选择 EMS，则运输周期为 3 期，即本期发货，隔一期到达；若选择平邮，则运输周期为 4 期，即本期发货，隔两期到达。

（2）物流方式选择

物流方式选择分为手动安排和自动安排两种：手动安排需要运营者为每张订单手动选择运输货物的物流方式；自动安排将按照配送中心已设定好的物流方式自动安排物流方式。自动安排可以选择全部自动安排或分批自动安排。

选择同种物流方式达到一定的数量和金额可以享受优惠。

任务实施

1. 查看订单统计的操作步骤

在系统左侧窗口的"经营流程"模块中，选择"运营"标签下的"物流选择"选项，如图 4-3 所示；在右侧窗口的左上方选择"物流选择"选项；单击右上方的"订单统计"按钮后，系统会弹出"订单统计"对话框。

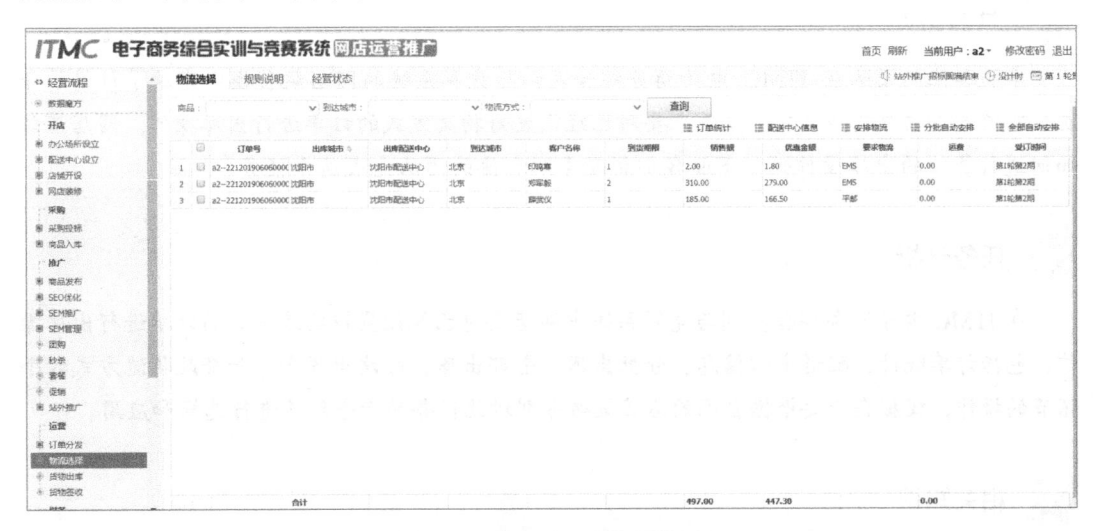

图 4-3　查看订单统计的操作步骤

2. 查询配送中心信息的操作步骤

在系统左侧窗口的"经营流程"模块中，选择"运营"标签下的"物流选择"选项；在右侧窗口的左上方选择"物流选择"选项；单击右上方的"配送中心信息"按钮后，系统会弹出"查看配送中心信息"对话框。

3. 安排物流的操作步骤

在系统左侧窗口的"经营流程"模块中,选择"运营"标签下的"物流选择"选项;在右侧窗口的左上方选择"物流选择"选项;在要配送的订单前面的复选框中打"√"即可选中该订单,也可勾选列表最上方的复选框选中所有订单;单击右上方的"安排物流"按钮即可完成操作。

4. 设置分批自动安排的操作步骤

在系统左侧窗口的"经营流程"模块中,选择"运营"标签下的"物流选择"选项;在右侧窗口的左上方选择"物流选择"选项;勾选要设置分批自动安排的订单前面的复选框后,单击右上方的"分批自动安排"按钮即可完成操作。

5. 设置全部自动安排的操作步骤

在系统左侧窗口的"经营流程"模块中,选择"运营"标签下的"物流选择"选项;在右侧窗口的左上方选择"物流选择"选项;勾选列表最上方的复选框选中所有订单后,单击右上方的"全部自动安排"按钮即可完成操作。

任务三　货物出库

任务引入

李明和他的团队在 ITMC 电子商务综合实训与竞赛系统的网店运营模块完成了订单的分发、物流方式的分配与选择,接下来要对已经设置好物流方式的订单进行出库操作。网店应该如何进行货物的出库操作呢?下面我们帮助李明和他的团队完成这个任务。

任务分析

在 ITMC 电子商务综合实训与竞赛系统中网店要对已经设置好物流方式的订单进行出库操作,包括订单统计、配送中心信息、分批出库、全部出库、修改出库仓库和修改物流方式六个环节的操作,模拟企业要根据自己的运营策略分别对此任务的六个环节进行选择和应用。

相关知识

1. 货物出库的含义

货物出库是指模拟企业根据订单的到货期限,合理安排商品出库的过程。

2. 货物出库的规则

货物出库时，系统会按照物流路线信息自动支付物流公司实际运费。如果当前配送中心库存不足，可以进行库存调拨。

任务实施

1. 查询订单统计的操作步骤

在系统左侧窗口的"经营流程"模块中，选择"运营"标签下的"货物出库"选项，如图4-4所示；在右侧窗口的左上方选择"货物出库"选项；单击右上方的"订单统计"按钮后，系统会弹出"订单统计"对话框。

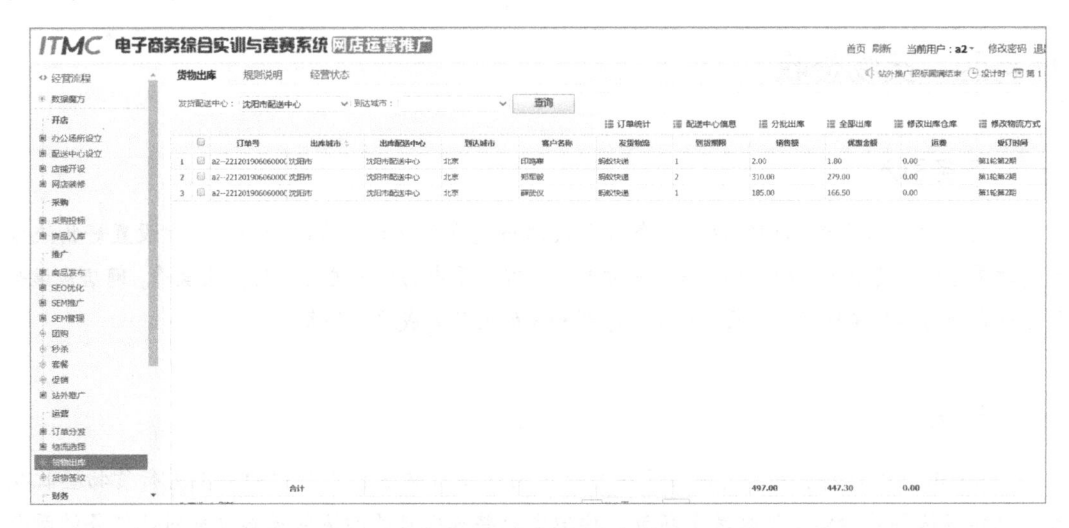

图 4-4 查询订单统计的操作步骤

2. 查看配送中心信息的操作步骤

在系统左侧窗口的"经营流程"模块中，选择"运营"标签下的"货物出库"选项；在右侧窗口的左上方选择"货物出库"选项；单击右上方的"配送中心信息"按钮后，系统会弹出"查看配送中心"对话框。

3. 分批出库的操作步骤

在系统左侧窗口的"经营流程"模块中，选择"运营"标签下的"货物出库"选项；在右侧窗口的左上方选择"货物出库"选项；勾选要分批出库的订单前面的复选框后，单击右上方的"分批出库"按钮即可完成操作。

4. 全部出库的操作步骤

在系统左侧窗口的"经营流程"模块中，选择"运营"标签下的"货物出库"选项；在右侧窗口的左上方选择"货物出库"选项；勾选订单列表最上方的复选框选中所有订单后，单击右上方的"全部出库"按钮即可完成操作。

5. 修改出库仓库的操作步骤

在系统左侧窗口的"经营流程"模块中，选择"运营"标签下的"货物出库"选项；在右侧窗口的左上方选择"货物出库"选项；勾选要修改出库仓库订单前面的复选框后，单击右上方的"修改出库仓库"按钮即可完成操作。

6. 修改物流方式的操作步骤

在系统左侧窗口的"经营流程"模块中，选择"运营"标签下的"货物出库"选项；在右侧窗口的左上方选择"货物出库"选项；勾选要修改物流方式订单前面的复选框后，单击右上方的"修改物流方式"按钮；在弹出的"物流列表"对话框中单击"选择物流"按钮，即可选择其他物流方式。

任务四　货物签收

任务引入

李明和他的团队在 ITMC 电子商务综合实训与竞赛系统的网店运营模块，对设置好物流方式的订单完成了货物出库的操作，接下来要对送达客户手中的订单进行货物签收操作。网店应该如何进行货物的签收操作呢？下面我们帮助李明和他的团队完成这个任务。

任务分析

在 ITMC 电子商务综合实训与竞赛系统中网店要对送达客户手中的订单进行货物签收操作，包括确认签收和结束签收两个环节，模拟企业要根据自己的运营策略分别对此任务的两个环节进行选择和应用。

相关知识

1. 货物签收的含义

货物签收是指模拟企业根据不同物流方式的运输周期，在订单要求的到货期限内对到达的订单进行签收操作，签收后货款会直接到账。

2. 货物签收的规则

快递、EMS 和平邮这三种物流方式配送的订单，货款均可在签收后直接到账。如果商品未在订单要求的到货期限内到货，买家拒绝签收，商品被退货，物流运费将由卖家承担，并会影响店铺的信誉度和商品评价；如果卖家在买家要求的到货期限期满后仍未发货，对店铺的信誉度和商品评价造成的影响会更大。

任务实施

1. 确认签收的操作步骤

在系统左侧窗口的"经营流程"模块中,选择"运营"标签下的"货物签收"选项;在右侧窗口的左上方选择"货物签收"选项后,窗口中便显示可以签收的订单,如图4-5所示;单击右上方的"确认签收"按钮,即可完成操作。

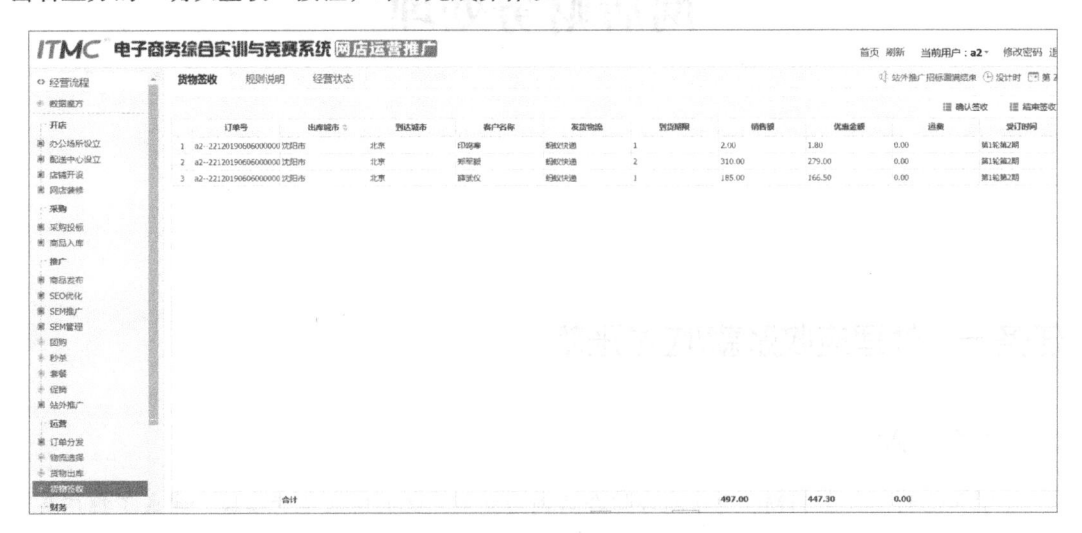

图4-5 确认签收的操作步骤

2. 结束签收的操作步骤

在系统左侧窗口的"经营流程"模块中,选择"运营"标签下的"货物签收"选项,如图4-6所示;在右侧窗口的左上方选择"货物签收"选项,此时窗口中没有显示订单;单击右上方的"结束签收"按钮,即可完成操作。

图4-6 结束签收的操作步骤

实训项目 5

网店财务处理

任务一 处理应收账款/应付账款

任务引入

李明和他的团队在 ITMC 电子商务综合实训与竞赛系统的网店运营模块，完成了推广及运营的操作任务。随着资金的流转，模拟企业在整个经营流程中会遇到许多财务问题，处理好财务问题是经营企业的重要环节之一。接下来要进行网店财务方面的应收账款/应付账款的处理了，那么网店应该如何进行应收账款/应付账款的操作呢？下面我们帮助李明和他的团队完成这个任务。

任务分析

在 ITMC 电子商务综合实训与竞赛系统中网店要对应收账款/应付账款进行操作，模拟企业要根据自己的运营策略分别对此任务进行选择和应用。

相关知识

应收账款/应付账款

应收账款是指企业在正常的经营过程中，作为卖方因销售商品、提供劳务等业务应向买方收取的款项，包括应由购买单位或接受劳务单位负担的税金、代买方垫付的各种杂费等，它是伴随企业销售行为的发生而形成的债权。

应付账款是企业在正常的经营过程中，作为买方因购买材料、商品和接受劳务供应等业务应向卖方支付但尚未支付的款项，包括由买方负担的手续费和佣金等，它是买卖双方在购销活动中由于取得物资与支付货款在时间上的不一致而产生的债务。

模拟企业在资金运转中需要接受应收账款、支付应付账款，在系统内主要是签收时到货期限非 0（即期限为 1 期及以上，下同）的销售额或者是采购时享受账期非 0 的购买额。签收时到货期限非 0，因快递运输需要时间而导致延期签收时出现的应收账款，每期到货后期限缩减 1 期，直到再到货期限为 0 时接受应收账款；采购时享受账期非 0，采购投标时若满足供应商的促销方式，便可享受供应商给予的账期优惠，即先拿货再在账期到期时支付应付账款。

每家企业因经营范围不同，涉及的应收账款/应付账款的科目和核算内容均有所不同。

应收账款/应付账款核算内容及操作方向如表 5-1 所示。

表 5-1　应收账款/应付账款核算内容及操作方向

科 目 名 称	核 算 内 容	操 作 方 向
应收账款	签收时到货期限非 0	接受
应付账款	采购时享受账期非 0	支付

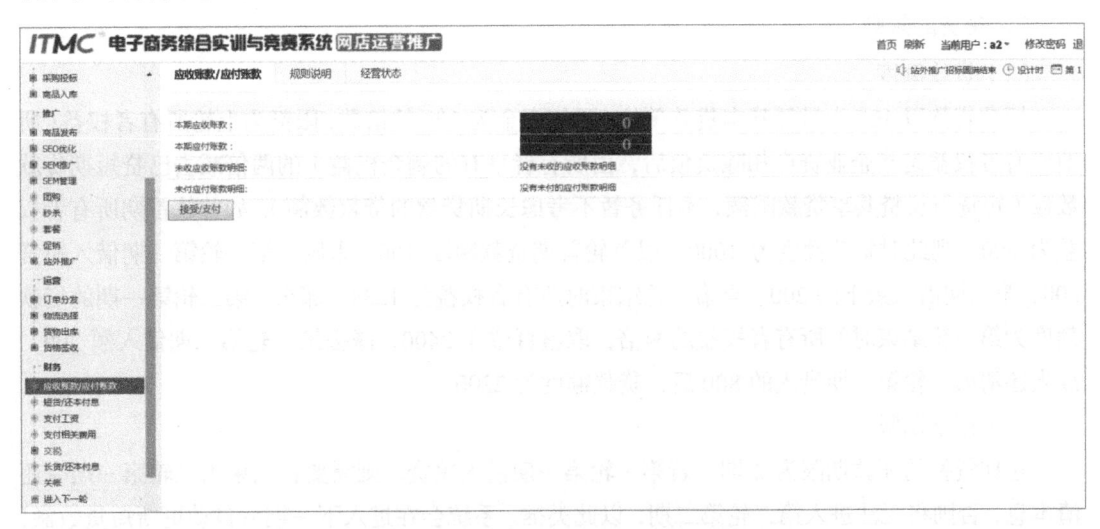

任务实施

应收账款/应付账款结算的操作步骤

在系统左侧窗口的"经营流程"模块中，选择"财务"标签下的"应收账款/应付账款"选项，如图 5-1 所示；在右侧的窗口中单击"接受/支付"按钮，若该按钮为灰色，则说明本期应收账款与应付账款均为 0。

图 5-1　应收账款/应付账款结算的操作步骤

任务二　短贷/还本付息

任务引入

李明和他的团队在 ITMC 电子商务综合实训与竞赛系统的网店运营模块完成了应收账款/应付账款的操作，接下来要进行短贷/还本付息任务了。网店应该如何进行短贷/还本付息的操作呢？下面我们帮助李明和他的团队完成这个任务。

任务分析

在 ITMC 电子商务综合实训与竞赛系统中网店要进行短贷/还本付息的操作，包括设置短期贷款、还本付息和申请新短期贷款三个环节，模拟企业要根据自己的运营策略分别对此任务的三个环节进行选择和应用。

相关知识

1. 短贷的含义

短期贷款又称短贷，是店铺在运营过程中为解决资金短缺问题而借入资金的一种融资方式。系统提供两种短贷方式——短期借款和民间融资。

2. 短贷的规则

（1）贷款额度

短期贷款以 100 为最低基本贷款单位，可贷资金为 100 的倍数，限额为上轮所有者权益（所谓所有者权益是指企业资产扣除负债后，由所有者享有的剩余权益）的两倍减去已贷短期贷款数额（短贷与长贷共享贷款限额，本任务暂不考虑长期贷款的贷款数额），如首轮首期所有者权益为 500，则此时贷款额度为 1000。以首轮首期贷款额度 1000 为例，第一轮第一期借入短贷 800，第二期借入余下的 200。当第一轮结束时所有者权益为 1234。那么，第二轮第一期的贷款额度为第一轮结束时的所有者权益的两倍，取整百位即 2400，减去第一轮第二期借入额 200，故当还清第一轮第一期借入的 800 后，贷款额度为 2200。

（2）还款期限

短期贷款的还款期限为 2 期，若第一轮第一期借入短贷，则需要在结束第二轮第一期时还清本息，否则将无法进入第二轮第二期，以此类推。系统会在进入下一期后自动更新短贷数额，并将贷款账期缩短一期。

（3）还款方式

短期贷款的还款方式为一次性还本付息，即模拟企业借款后无须每期还款，而是 2 期到期后一次性归还本金和利息。例如，第一轮第一期和第二期分别借入资金，则需要在第二轮第一期将第一轮第一期借入的贷款还本付息，第一轮第二期借入的贷款暂不归还。

（4）贷款利率

短期借款和民间融资两种融资方式的贷款利率不同，短期借款的利率为5%，而民间融资的利率为15%，如表5-2所示。

表5-2 短贷规则表

融资方式	贷款时间	贷款额度	还贷方式	利率
短期借款	每期任何时间	上轮所有者权益的两倍减去已贷短期贷款数额	到期一次性还本付息	5%
民间融资	每期任何时间	上轮所有者权益的两倍减去已贷短期贷款数额	到期一次性还本付息	15%

（5）贷款时间

短期借款和民间融资这两种融资方式均可在每一轮每一期的任何时间贷款，前提是企业在本轮本期的到期贷款已还本付息，且有贷款额度。

3. 还本付息

当短期贷款到期时，需要归还本金并支付利息，具体的计算公式如下：

本息=本金+利息=贷款本金+贷款本金×贷款利率=贷款本金×（1+贷款利率）

例：在首轮首期短贷1500，其中短期借款1000，民间融资500，那么在到期时（第二轮第一期）需要归还本息共多少？

解：因短期借款的利率为每期5%，民间融资的利率为每期15%，故到期时要归还短期借款为1000×(1+5%)=1050，民间融资为500×(1+15%)=575，总共需要归还本息为1050+575=1625。

4. 申请新短期贷款

若短贷未达到可申请的最高额度时，模拟企业在每一期的任何时间均可申请新贷款。可申请的最高额度为上轮所有者权益的两倍减去已贷短期贷款数额。当贷款达到可申请的最高额度时，须先还本付息后才能获得新贷款资格。

任务实施

1. 短期贷款的操作步骤

在系统左侧窗口的"经营流程"模块中，选择"财务"标签下的"短贷/还本付息"选项，如图5-2所示；在右侧的窗口中单击"短期贷款"或"民间融资"右边的下拉菜单，并单击相应数字。若下拉菜单中只有"0"，则说明本期短贷额度已用完；单击"新贷款"按钮，若该按钮为灰色，但确实有额度可贷，则须先还本付息后再申请新贷款。

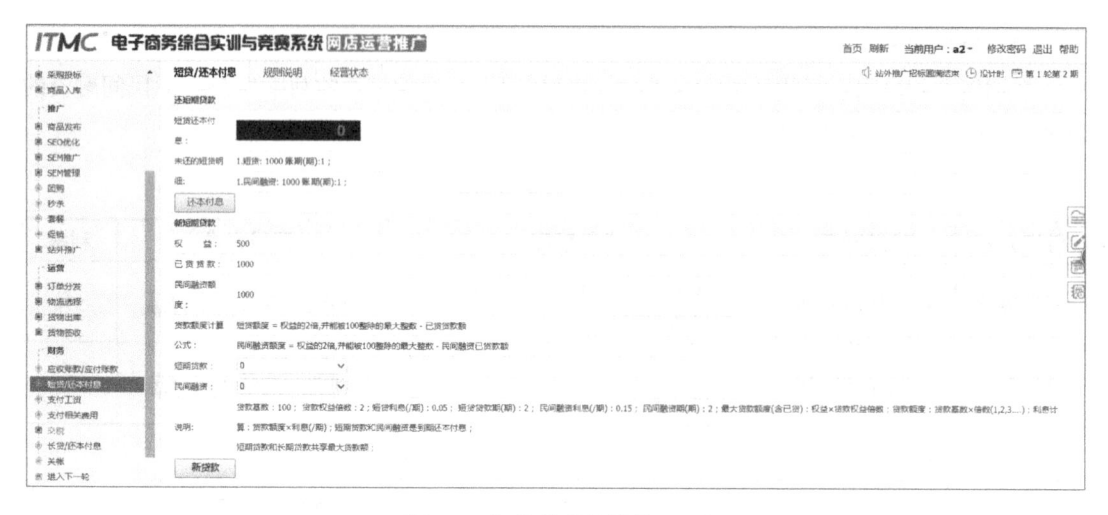

图 5-2 短期贷款的操作步骤

2. 还本付息的操作步骤

在系统左侧窗口的"经营流程"模块中,选择"财务"标签下的"短贷/还本付息"选项;在右侧窗口中单击"还本付息"按钮;在跳出的对话框中单击"确定"按钮即可完成操作。若"还本付息"按钮为灰色,则说明暂无款项要还。

任务三 支付工资、相关费用及交税操作

任务引入

李明和他的团队在 ITMC 电子商务综合实训与竞赛系统的网店运营模块完成了应收账款/应付账款和短贷/还本付息任务后,接下来要进行工资和相关费用的支付及交税操作了。那么如何进行工资和相关费用的支付及税金的缴纳呢?下面我们帮助李明和他的团队完成这个任务。

任务分析

在 ITMC 电子商务综合实训与竞赛系统中,网店要进行工资和相关费用的支付及缴纳税金操作,需要从支付工资、支付相关费用和交税三个环节进行,模拟企业要根据自己的运营策略分别对此任务的三个环节进行选择和应用。

相关知识

1. 工资的含义

工资是指企业依据法律规定、行业规定或根据与员工之间的约定,以货币形式对员工的劳动所支付的报酬。

2. 支付工资的规则

模拟企业在开店时完成招贤纳士任务后，在每期运营结束进入下一期或每一轮关账前均需支付工资。计算公式为：

$$员工工资=基本工资×（1+工资差）×（1+工资增长率）$$

例：若模拟企业在沈阳市分别招聘高级经理、中级经理、初级经理各一名，并在北京招聘一名仓库管理员和一名配送员，则当期共需要支付多少工资？若下一期员工不变，又需要支付多少工资？

注意：

① 基本工资因职务不同而有高低差别，如表5-3所示。

② 初级经理的工资每期会以10%的速度增长，其他职务每期的工资不变。

③ 沈阳市和北京市的工资差分别为20%、30%。

表5-3 工资情况表

职　　务	等　级	基 本 工 资	业 务 能 力	工资增长率
初级经理	初级	7	2	10%
中级经理	中级	15	6	0
高级经理	高级	22	10	0
仓库管理员	初级	6	0	0
配送员	初级	7	0	0

解：因高级经理、中级经理、初级经理、仓库管理员、配送员的基本工资分别为22、15、7、6、7，且沈阳市和北京市的工资差分别为 20%、30%。那么，支付高级经理的工资为 22×（1+20%）=26（系统结果取整处理，下同），中级经理的工资为15×（1+20%）=18，初级经理的工资为7×（1+20%）=8，仓库管理员的工资为6×（1+30%）=7，配送员的工资为 7×（1+30%）=9，因此当期共需要支付工资为 26+18+8+7+9=68。因初级经理涉及10%的工资增长率，故下一期支付初级经理的工资时有变化，变为7×（1+20%）×（1+10%）=9。其他员工工资不变，因此下一期共需要支付工资为 26+18+9+7+9=69。

3. 支付相关费用的规则

模拟企业每期均须根据经营情况支付相关费用，规则如下。

① 首轮首期的租赁费、维修费在办公场所和配送中心租赁时完成支付。从第一轮第二期开始，若办公场所或配送中心进行改建或搬迁，则租赁费、维修费在支付相关费用时一同支付。

② 当且仅当上架商品时选择了售后服务，且该商品被卖出时，才会产生售后服务费。

③ 当仓库中有商品未卖出时，须支付库存管理费。

4. 支付租赁费

租赁费是指模拟企业以租赁的方式租入的营业用房、运输工具、仓库、低值易耗品、设备等所支付的费用。模拟企业租赁办公场所和配送中心需要每期支付租赁费，费用多少根据办公场所和配送中心租赁时选择的类型而定，城市的选择不同使得租金差不同，租赁基本费用汇总如表5-4所示。最终支付的租赁费为：租赁基本费用×（1+租金差）。

表5-4 租赁基本费用汇总

	类　　型	租　赁　费
办公场所	普通	96
	豪华	160
配送中心	小型	32
	中型	36
	大型	40
	超级小型	96
	超级中型	192
	超级大型	384

5. 维修费

维修费是指企业对固定资产、低值易耗品的修理费用。在ITMC电子商务综合实训与竞赛系统中模拟企业涉及的维修费主要是办公场所和配送中心的维修费用，费用须按期支付，费用多少根据办公场所和配送中心的类型而定，维修费汇总如表5-5所示。

表5-5 维修费汇总

	类　　型	维　修　费
办公场所	普通	4
	豪华	8
配送中心	小型	3
	中型	4
	大型	8
	超级小型	12
	超级中型	25
	超级大型	51

6. 售后服务费

售后服务费是指商品售出后，为履行合同约定的售后条款内容所产生的一切费用。系统规定在商品上架设置时选有售后选项的商品需要支付售后服务费，费用按件计费，每件收取售后服务费1。需要售后服务费的商品一经卖出，从下一期开始需要连续支付4期的售后服务费。

7. 库存管理费

库存管理费是指保管存储物资而产生的费用。系统规定库存管理费按件分段计费，10 件以内（含 10 件）收取库存管理费 2，10 件以上每增加一件多收取费用 0.2。

8. 行政管理费

行政管理费是指企业缴纳给政府或者用于本企业管理的费用。系统规定每期必须缴纳的行政管理费为 10。

9. 交税的含义

交税是根据国家各种税法的规定，集体或个人按照一定的比例把一部分所得收入缴纳给国家的行为。在 ITMC 电子商务综合实训与竞赛系统中，模拟企业所缴纳的税种有企业所得税、增值税、城市维护建设税和教育费附加（国家税改后部分税率已调整，具体请查阅最新税法。本书中的相关计算以系统中所设参数为准）。

企业所得税是对企业在一定时期内的纯所得额（纯收入）征收的税种，系统按企业所得税法定税率 25% 计算。

增值税是对销售货物或提供加工、劳务服务的单位和个人就其实现的增值额征收的一个税种，系统按增值税税率为 17% 计算。

城市维护建设税是我国为了加强城市的维护建设，扩大和稳定城市维护建设资金来源征收的一个税种。

教育费附加是对在城市和县城凡缴纳增值税、消费税的单位和个人，就实际缴纳的两种税税额征收的一种附加税。

10. 交税的规则

模拟企业在完成一轮经营后，在下一轮第一期需要缴纳企业所得税、增值税、城市维护建设税以及教育费附加。

计算公式分别为：

$$企业所得税 = 税前利润（先弥补前 5 年的亏损）\times 25\%$$
$$增值税 = （销项 - 进项）\times 17\%$$
$$城市维护建设税 = 增值税 \times 7\%$$
$$教育费附加 = 增值税 \times 3\%$$

任务实施

1. 支付工资的操作步骤

在系统左侧窗口的"经营流程"模块中，选择"财务"标签下的"支付工资"选项，如图 5-3 所示；在右侧窗口的右上方单击"支付工资"按钮，即可完成操作。

图 5-3 支付工资的操作步骤

2. 支付相关费用的操作步骤

在系统左侧窗口的"经营流程"模块中,选择"财务"标签下的"支付相关费用"选项,如图 5-4 所示;在右侧窗口中单击"支付"按钮,即可完成操作。

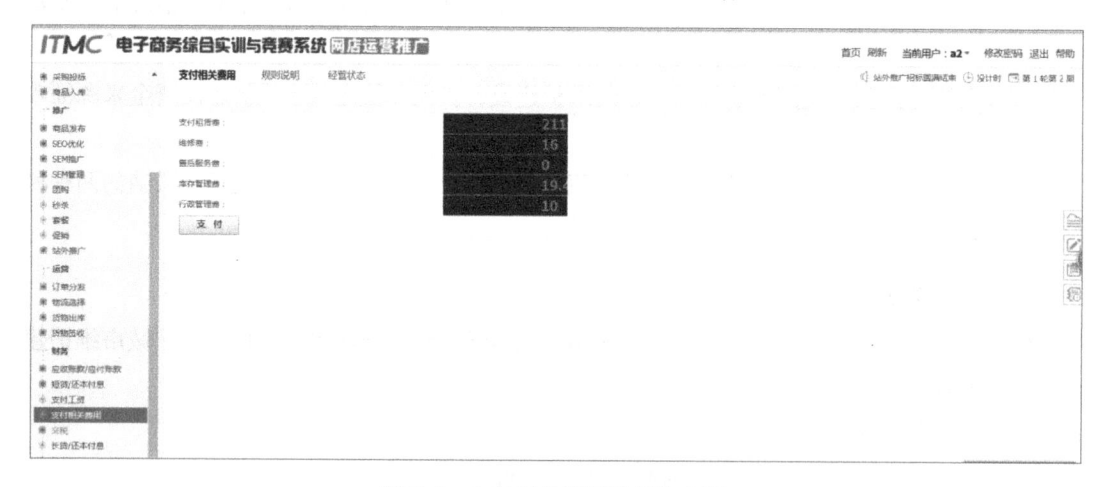

图 5-4 支付相关费用的操作步骤

3. 交税的操作步骤

在系统左侧窗口的"经营流程"模块中,选择"财务"标签下的"交税"选项;在右侧窗口的右下角位置单击"交税"按钮,如图 5-5 所示;在跳出的对话框中单击"确定"按钮,即可完成操作。

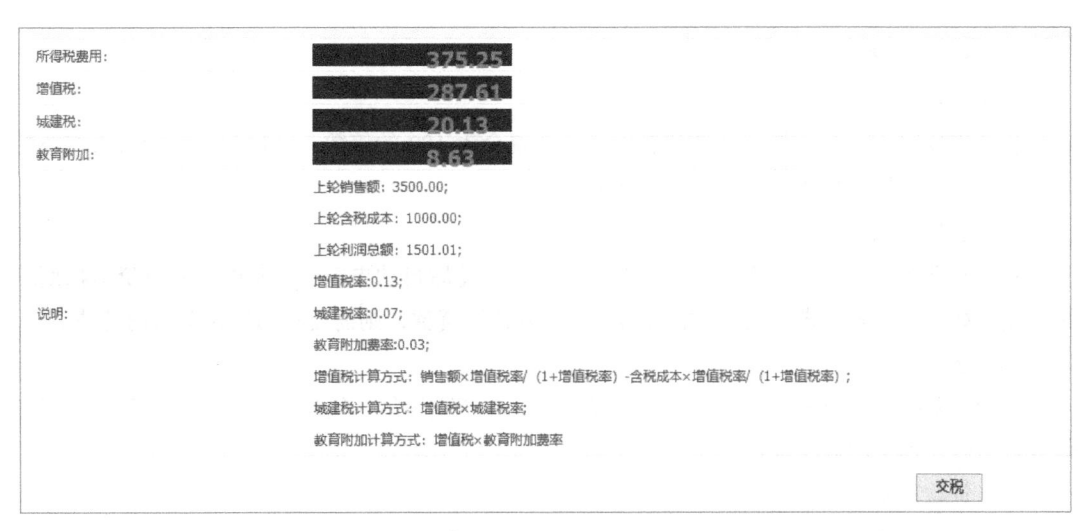

所得税费用:	375.25
增值税:	287.61
城建税:	20.13
教育附加:	8.63

说明：
上轮销售额：3500.00；
上轮含税成本：1000.00；
上轮利润总额：1501.01；
增值税率：0.13；
城建税率：0.07；
教育附加费率：0.03；
增值税计算方式：销售额×增值税率/（1+增值税率）-含税成本×增值税率/（1+增值税率）；
城建税计算方式：增值税×城建税率；
教育附加计算方式：增值税×教育附加费率

[交税]

图5-5　交税的操作步骤

任务四　长贷/还本付息

任务引入

李明和他的团队在 ITMC 电子商务综合实训与竞赛系统的网店运营模块完成了应收账款/应付账款、短贷/还本付息、工资和相关费用的支付及交税任务后，接下来就要进行长贷/还本付息任务了。网店应该如何进行长贷/还本付息的操作呢？下面我们帮助李明和他的团队完成这个任务。

任务分析

在 ITMC 电子商务综合实训与竞赛系统中网店要进行长贷/还本付息的操作，包括设置长期贷款、还本付息和申请新长期贷款三个环节，模拟企业要根据自己的运营策略分别对此任务的三个环节进行选择和应用。

相关知识

1. 长贷的含义

长期贷款又称长贷，是指企业向银行或其他金融机构借入期限在一年以上（不含一年）的贷款的一种融资方式。目前系统仅提供一种长贷方式。

2. 长贷的规则

（1）贷款额度

长期贷款以 100 为最低基本贷款单位，可贷资金为 100 的倍数，限额为上轮所有者权益的两倍（减去已贷短期贷款）减去已贷长期贷款。

（2）还款期限

长期贷款的还款期限为 3 轮。系统会在进入下一轮后自动更新长期贷款，并将贷款账期缩短一轮。如在第一轮轮末剩余贷款额度 500，借入长期贷款，则需要在第四轮关账前还清。

（3）还款方式

长期贷款的还款方式为先息后本，即模拟企业在贷款后每一轮均须支付当轮的利息，等 3 轮到期后归还本金和当轮利息。

（4）贷款利率

长期贷款的利率为 10%。

（5）贷款时间

长期贷款只有在每轮轮末才能申请，且前提是当轮利息已还。若当期长期贷款到期，则需要还本并付清当轮利息后才有贷款额度，长贷融资信息如表 5-6 所示。

表 5-6　长贷融资信息

融资方式	贷款时间	贷款额度	还款方式	利率
长期贷款	每轮轮末	所有者权益的两倍（减去已贷短期贷款）减去已贷长期贷款	每轮付息，到期还本	10%

3. 还本付息

借入长期贷款后，从下一轮开始须于每一轮轮末支付利息，并在 3 轮到期后归还本金和当期利息。利息的计算公式：每一轮利息=贷款本金×贷款利率

任务实施

1. 长期贷款的操作步骤

在系统左侧窗口的"经营流程"模块中，选择"财务"标签下的"长贷/还本付息"选项，如图 5-6 所示；在右侧窗口中单击"长期贷款"右边的下拉菜单，并单击相应数字，若下拉菜单只有 0，则说明本轮长贷额度已用完；单击"新贷款"按钮，若该按钮为灰色，但确实有额度可贷，则须先还本付息后再申请新贷款。

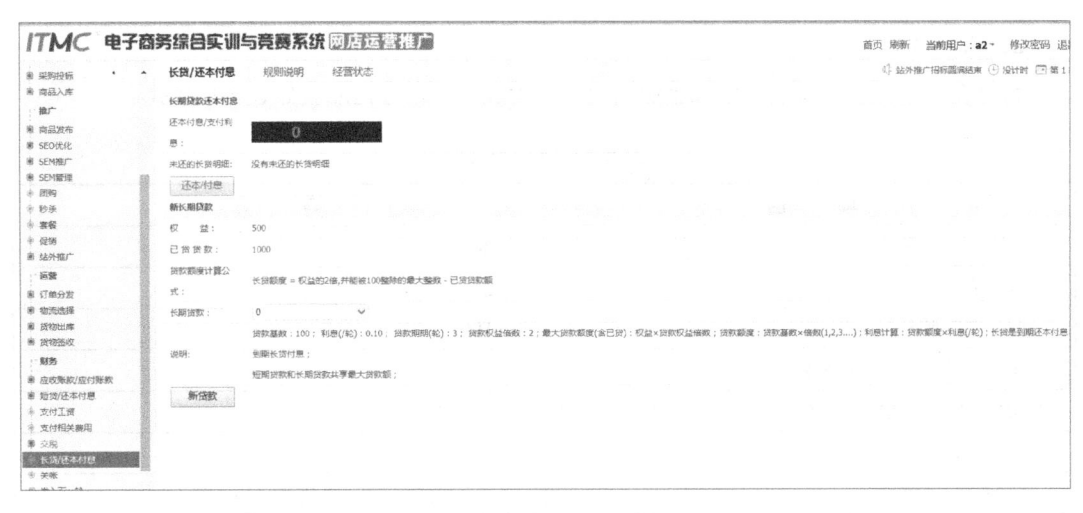

图 5-6 长期贷款的操作步骤

2. 还本付息的操作步骤

在系统左侧窗口的"经营流程"模块中,选择"财务"标签下的"长贷/还本付息"选项;在右侧窗口中单击"还本付息"按钮,若该按钮为灰色,则说明暂无款项要还。

任务五 关账

任务引入

模拟企业在每一轮经营结束后,在进入下一轮第一期前均需要进行关账处理。李明和他的团队在 ITMC 电子商务综合实训与竞赛系统要进行关账的操作了。网店应该如何进行关账的操作呢?下面我们帮助李明和他的团队完成这个任务。

任务分析

在 ITMC 电子商务综合实训与竞赛系统中网店要进行关账操作,包括关账操作和进行下一轮两个环节,模拟企业要根据自己的运营策略分别对此任务的两个环节进行选择和应用。

相关知识

1. 关账的含义

关账指财务在一定阶段的结账,即本轮账目到关账时截止。每一轮经营结束后,在进入下一轮第一期前均需要进行关账处理。在关账后,系统会自动提供资产负债和利润表,并根据得分规则自动计算当轮得分,计算结果均四舍五入后保留两位小数。

2. 得分规则

得分在一定程度上反映了模拟企业当轮的经营成果，得分构成表如表 5-6 所示。

表 5-6 得分构成表

项　　目	得　　分
未借民间融资	+20
未贴现	+20
建立 IEC 平台	+100
ISO14000 认证研发完成	+50
1SO9000 认证研发完成	+20
开设 B 店	+100
直接成本分摊得分	+（1-直接成本÷销售额）×100
综合费用分摊得分	+（1-综合费用÷销售额）×100
资金周转率得分	+销售额÷总资产×100
净利润率得分	+净利润÷销售额×100
资产报酬率（ROA）得分	+税前利润÷总资产×100
权益报酬率（ROE）得分	+净利润÷所有者权益×100
资金流动性得分： 速动比 QR=（现金+应收账款）÷（短期负债+应付账款+应交税） 流动比 CR=总流动资产÷（短期负债+应付账款+应交税）	CR<1 且 QR<0.5（资金流动性差）：　　　　－10 1.5<CR<2 且 0.75<QR<1（资金流动性一般）： 　　　　　　　　　　　　　　　　　　　　+50 CR≥2 且 QR≥1（资金流动性好）：　　　+100
资产负债率得分	+（1-总负债÷总资产）×100
总分	以上求和

得分=（1+总分÷100）×所有者权益×追加股东投资比例

注意：

① 正式比赛中，不允许追加股东投资，所以得分主要是考虑总分和所有者权益，要想提高得分，则须提高总分和所有者权益。

② 正式比赛要求模拟企业经营 5 轮 10 期，第 5 轮末的得分关系到比赛排名，得分高的排名靠前。若得分相同，则所有者权益高者胜出。若中途破产，则后破产的排名靠前。若同时破产，则所有者权益高者排名靠前。

③ 若在训练过程中有追加股东投资，那么最终得分需要乘以追加股东投资比例。追加股东投资比例=所有者权益÷（所有者权益+追加金额）。

3. 关账操作

当模拟企业完成一轮两期的经营后需要关账，关账之后不能再进行其他操作。

4. 进入下一轮

模拟企业在完成一期的网店开店、采购、推广、运营以及财务处理后即可进入下一期经营，每完成两期的经营，便可关账进入下一轮。

任务实施

1. 关账的操作步骤

在系统左侧窗口的"经营流程"模块中，选择"财务"标签下的"关账"选项，如图5-7所示；在右侧窗口中单击"关账"按钮即可完成操作。若不能关账，则说明左侧窗口的"经营流程"中有选项未完成，请先查看并完成相关选项后再进行关账操作。

图 5-7 关账的操作步骤

2. 进入下一轮的操作步骤

在系统左侧窗口的"经营流程"模块中，选择"财务"标签下的"进入下一轮"选项；在右侧窗口中单击"确定"按钮即可完成操作。若不能进入下一轮，请查看是否已完成关账操作。

技能训练

ITMC电子商务综合实训与竞赛系统的网店运营推广模块实训

1. 实训目的

掌握ITMC电子商务综合实训与竞赛系统的网店运营推广的完整操作流程，重点了解搜索引擎优化，获取尽可能多的自然流量；进行关键词竞价推广，获取尽可能多的付费流量。

2. 实训内容和步骤

（1）通过建立市场模型进行市场分析。

（2）租赁办公场所，设立配送中心，装修网店，采购商品。

（3）根据运营数据进行搜索引擎优化来获取尽可能多的自然流量，进行关键词竞价推广来获取尽可能多的付费流量。

（4）针对不同消费人群开展各种促销活动，提升转化率。

（5）处理订单，配送商品，结算资金；规划资金需求，控制成本，分析财务指标，调整运营策略，创造最大利润。

3. 撰写实训报告

实训报告以书面形式提交，字数2000字左右。

第二模块

企业职场实训

- 理论疏导
- 实训项目6 电子商务模式的应用
- 实训项目7 网络市场调研
- 实训项目8 网络营销推广
- 实训项目9 网络客户关系管理

理论疏导

一、相关概念

1. 电子商务

电子商务是指以信息网络技术为手段,以商品交换为中心的商务活动,是在互联网、企业内部网和增值网上以电子交易方式进行交易活动和相关服务的活动。电子商务使传统商业活动各环节电子化、网络化、信息化。以互联网为媒介的商业活动均属于电子商务的范畴。

电子商务通常是在全球各地广泛的商业贸易活动中,在互联网开放的网络环境下,基于客户端/服务端应用方式,买卖双方不谋面地进行各种商贸活动,实现消费者的网上购物、商户之间的网上交易和在线电子支付以及各种商务活动、交易活动、金融活动和相关的综合服务活动的一种新型的商业运营模式。各国政府、学者、企业界人士根据自己所处的地位和对电子商务参与的角度和程度的不同,给出了许多不同的定义。电子商务分为:ABC、B2B、B2C、C2C、B2M、M2C、B2A(B2G)、C2A(C2G)、O2O等。

2. 新零售

新零售,英文是 New Retailing,即个人、企业以互联网为依托,通过运用大数据、人工智能等先进技术手段,对商品的生产、流通与销售过程进行升级改造,进而重塑业态结构与生态圈,并对线上服务、线下体验以及现代物流进行深度融合的零售新模式。

2016年11月,国务院办公厅发布《关于推动实体零售创新转型的意见》(以下简称《意见》),明确了推动我国实体零售创新转型的指导思想和基本原则。同时,在调整商业结构、创新发展方式、促进跨界融合、优化发展环境、强化政策支持等方面做出具体部署。《意见》在促进线上、线下融合的问题上强调:建立适应融合发展的标准规范、竞争规则,引导实体零售企业逐步提高信息化水平,将线下物流、服务、体验等优势与线上商流、资金流、信息流融合,拓展智能化、网络化的全渠道布局。

新零售的核心要点在于推动线上与线下的一体化进程,其关键在于使线上的互联网力量和线下的实体店终端形成真正意义上的合力,从而完成电商平台和实体零售店面在商业维度上的优化升级。同时,促成价格消费时代向价值消费时代的全面转型。

此外,有学者也提出新零售就是"将零售数据化"。线上用户信息能以数据化呈现,而传统线下用户数据数字化难度较大。在人工智能深度学习的帮助下,视频用户行为分析技术能在线下门店进行用户进店路径抓取、货架前交互行为分析等数字化转化，形成用户标签，并结合线上数据优化用户画像，同时可进行异常行为警报等辅助管理。

可将新零售总结为：线上+线下+物流，其核心是以消费者为中心的会员、支付、库存、服务等方面数据的全面打通。

3. 电商直播

电商直播是一种购物方式，在法律上属于商业广告活动，主播根据具体行为还要承担"广告代言人""广告发布者"或"广告主"的责任。如果消费者买到假货，首先应联系销售者（卖家）承担法律责任，主播和电商直播平台也要承担相应的连带责任。

2020 年直播电商无疑是消费领域最火爆的话题，疫情下各行业争相加入，企业家、明星、主持人等纷纷进场直播带货，直播电商迎来迅猛发展。商务部数据显示，2020 年上半年，全国直播电商超 1000 万场，活跃主播超 40 万人，观看人次超 500 亿次，上架商品超 2000 万个；另据中国互联网络信息中心近日发布的第 46 次《中国互联网络发展状况统计报告》显示，截至 2020 年 6 月，我国电商直播用户规模为 3.09 亿个，较 2020 年 3 月增长 16.7%，成为上半年增长最快的个人互联网应用；据 2020 年 10 月毕马威联合阿里研究院发布《迈向万亿市场的直播电商》报告预测，2021 年我国直播电商规模将扩大至 2 万亿元，继续保持高速增长态势，渗透率将达到 14.3%。

直播大潮下，淘宝、京东、苏宁、拼多多等电商平台，更是以空前的投入力度，在各自的"双 11"大促活动里重点突出直播玩法，打造与用户零距离接触的消费狂欢氛围。超级主播、重磅明星、强势电视台，密集的直播排期，从电商平台"双 11"营销资源的倾斜来看，这个"双 11"已从电商"双 11"变为直播"双 11"。毫无疑问，直播已成为电商平台最重要的工具，它也是一个新行业、一个新业态。

4. 跨境电商

跨境电商是指分属不同关境的交易主体，通过电子商务平台达成交易、进行支付结算，并通过跨境物流送达商品、完成交易的一种国际商业活动。

随着经济全球化的发展，世界各国之间的贸易往来越来越频繁，跨境电商已成为时代的主题。消费者足不出户，就能轻松"全球购"，享受来自世界各地的优质产品。随着我国开放的大门越开越大，相关部门陆续出台实质性的利好政策，再加上《中华人民共和国电子商务法》的保驾护航，我国跨境电商行业得以快速发展。

二、实训目标

本模块立足于高职教育，以高职教育理论的最新发展为指导，从电子商务模式的应用、网络市场调研、网络营销推广、网络客户关系管理四个项目 16 个任务对电子商务的各个方面进行阐述，以培养学生专业能力、社会能力和方法能力于一体的综合能力为目标，基本涵盖了电子商务专业要求的职业技能。

三、实训平台介绍

在电子商务模式的应用项目中，以淘宝网、当当网和全球速卖通等真实的平台进行实训，使学生真正掌握电子商务的三种主要模式的功能、特点及使用流程，加深学生对电子商务的认识。

在网络市场调研项目中，通过完成收集整理网络商务信息、设计网络调研问卷和撰写网络市场调研报告三个任务，使学生了解网络市场调研的优势和数据分析的准确性、及时性，并在真实的平台中感受职场中的历练过程。

在网络营销推广项目中，以目前市场主流的营销推广的方法进行实训。搜索引擎中对关键词的设置、网络直播的相关知识和平台的选择、微信营销的相关知识、微店的开设流程和社群营销的方法，是目前中小型企业常用的营销策略。学生们通过本项目的实训，对中小型企业电子商务岗位应具备的技能、职业标准有了深刻的了解，也拉近了与企业之间的距离。

实训项目 6

电子商务模式的应用

任务一 C2C 电子商务

任务引入

小张是一家电脑公司的销售员，打印机是该公司经营的副产品。最近听说网络销售这个方式很火，公司经理准备让小张借助淘宝网这个网络平台开设网店销售打印机，但是小张从来没有在网上开过店。小张应该如何在淘宝网上开店呢？其操作步骤又有哪些呢？

任务分析

淘宝网（http://www.taobao.com）成立于2003年5月10日，由阿里巴巴集团投资创办。淘宝网是深受我国广大消费者喜爱的网购零售平台，近年来，淘宝网在C2C电子商务市场上占据的市场份额高达95%，淘宝网在生活方式上影响并改变着消费者、商家的流行态度和风尚趋势。随着规模的扩大和用户数量的增加，淘宝网也从单一的C2C网络集市变成了包括C2C、团购、分销、拍卖等多种电子商务模式在内的综合性零售商圈，目前已成为全球范围的电子商务交易平台之一。

淘宝网致力于推动"货真价实、物美价廉、按需定制"网货的普及，以帮助更多的消费者享用海量且丰富的网货，获得更高的生活品质。通过提供网络销售平台等基础性服务，帮助更多的企业开拓市场、建立品牌，实现产业升级，帮助更多胸怀梦想的人通过网络实现创业、就业。新商业文明下的淘宝网，正走在"创造1000万个就业岗位"这个目标的路上。

要在淘宝网上开店，需要了解淘宝网的运行模式、开店的条件及店铺装修等相关内容。

相关知识

1. C2C 电子商务

C2C（Customer to Customer，C to C 或 C2C）是个人与个人之间的电子商务。C2C 是个人交易买卖的场所，完全的个性化体验，以买家的兴趣、爱好和购物体验为导向，其代表平台有淘宝网、拍拍网、易趣网等。

C2C 电子商务就是通过为买卖双方提供一个在线交易平台，使卖方可以主动提供商品上网拍卖，而买方可以自行选择商品进行竞价。

C2C 电子商务具有三个显著的特点：一是参与者众多，覆盖面广；二是 C2C 电子商务的商品数量多、种类丰富；三是 C2C 电子商务的交易方式十分灵活。

2. C2C 电子商务平台的功能

C2C 电子商务平台有首页商品和店铺的自助推荐功能，支持拍卖模式、在线充值、支付宝付款，商品支持多图片、四级分类设置，同时 C2C 电子商务网站管理系统拥有虚拟币、用户收费店铺、商品登录收费、求购信息平台、新闻发布、友情链接、交易提醒邮件、交易信用评价、站内短信、信息脏话过滤、后台分权限管理等功能。C2C 电子商务平台旨在为广大网民朋友提供一个网络公平竞价交易的商务平台。

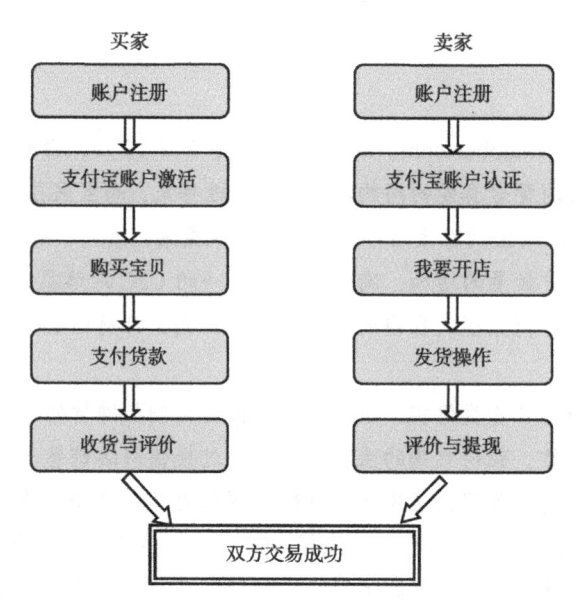

3. 淘宝网上拍卖的流程

在淘宝网上拍卖的流程如图 6-1 所示。

图 6-1　淘宝网上拍卖的流程

实训项目 6　电子商务模式的应用

任务实施

本次的任务是在 C2C 电子商务平台上开展商务业务，为了完成这个任务，主要讲解以下三个要点。

- 掌握在淘宝网上开店的步骤。
- 掌握淘宝网店的运营策略。
- 掌握网上购物的流程。

1. 买家与卖家交易前的准备

① 启动 IE 浏览器，打开淘宝网的首页，如图 6-2 所示。

图 6-2　淘宝网首页

② 单击页面左上方的"免费注册"按钮，弹出"注册协议"对话框，然后单击"同意协议"按钮，便进入淘宝网用户注册页面，如图 6-3 所示。

图 6-3　淘宝网用户注册页面

③ 在淘宝网用户注册页面中输入手机号码并拖动验证滑块，系统会自动验证手机号码，验证通过后系统将以短信方式给该手机号码发送验证码。将收到的验证码输入验证手机页面的验证码填写处，系统会弹出设置用户名窗口，如图6-4所示。若该窗口显示的登录名是我的账户，则单击"该账户是我的，立即登录"按钮，完成注册；若该窗口显示的登录名不是我的账户，则单击"不是我的，使用邮箱继续注册"。

图6-4 设置用户名页面

④ 单击"不是我的，使用邮箱继续注册"后，在电子邮箱注册页面中输入电子邮箱，单击"下一步"按钮，弹出验证邮件已发送到邮箱页面，单击"请查收邮件"按钮。进入该邮箱，收到由淘宝网发送过来的邮件，打开邮件并单击"完成注册"按钮，如图6-5所示。

⑤ 在填写账户信息页面，输入登录密码、会员名，如图6-6所示。

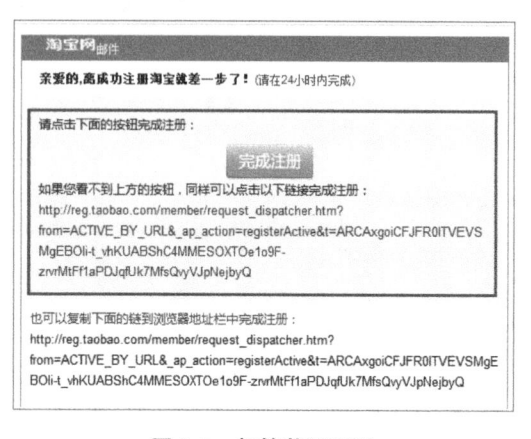

图6-5 邮箱激活页面　　　　　图6-6 账户信息填写页面

⑥ 单击"提交"按钮，进入设置支付方式页面。输入银行卡号、持卡人姓名、证件号码等信息后，单击"同意协议并确定"按钮，淘宝账户注册成功，如图6-7所示。注册成功后，我们

可以使用该淘宝账户去购物、开淘宝店等，不过开通淘宝店铺仍需要进行更多的认证操作。

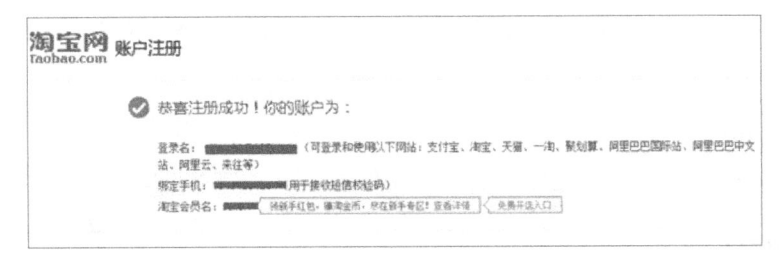

图 6-7　淘宝网账户注册成功页面

⑦ 开通支付宝。登录支付宝首页 http://www.alipay.com，如图 6-8 所示。

图 6-8　支付宝首页

注册支付宝账户（与淘宝账户注册方式相同），激活账户，如图 6-9 所示。

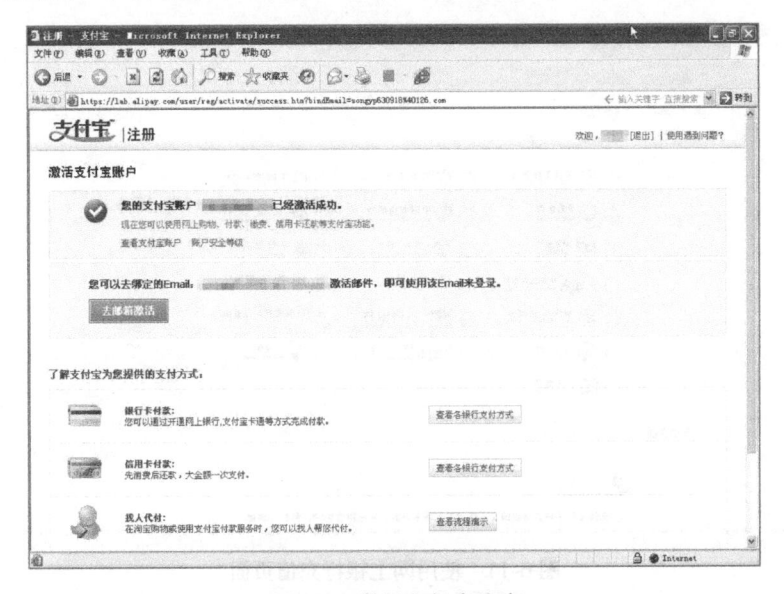

图 6-9　激活支付宝账户

⑧ 给支付宝账户充值。首先进入支付宝首页，单击"立即充值"按钮，如图 6-10 所示。

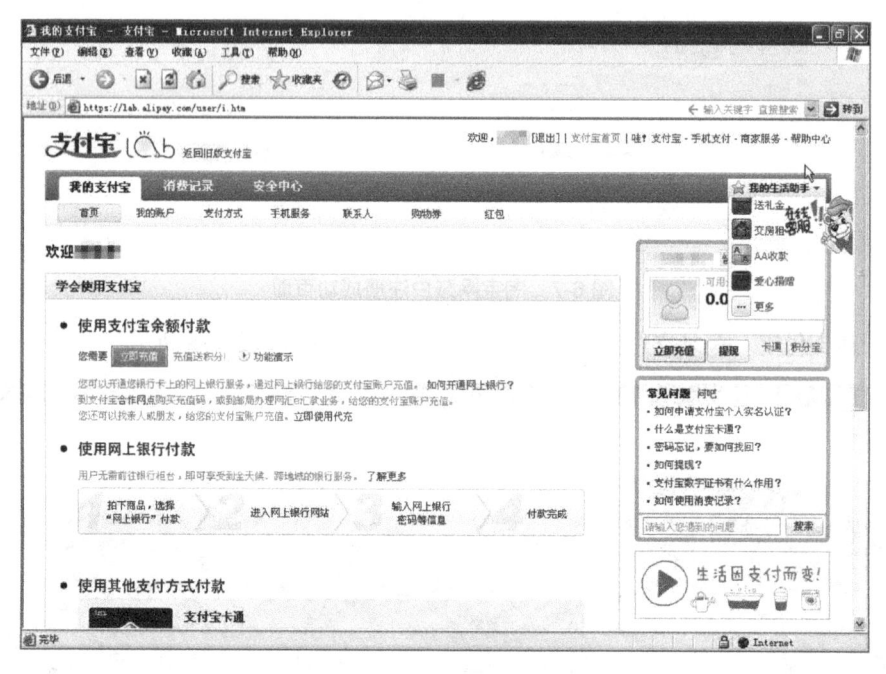

图 6-10　支付宝充值页面

选择网上银行充值，如图 6-11 所示。选择银行，进行信息核对，核对正确后单击"去网上银行充值"按钮。登录网上银行进行充值，充值成功后，接下来便可以查询账户情况。

图 6-11　使用网上银行充值页面

2. 买家流程（买家如何购买宝贝）

① 浏览搜索宝贝。

② 了解卖家信度级别。卖家信度一般分为 15 个级别，如图 6-12 所示。

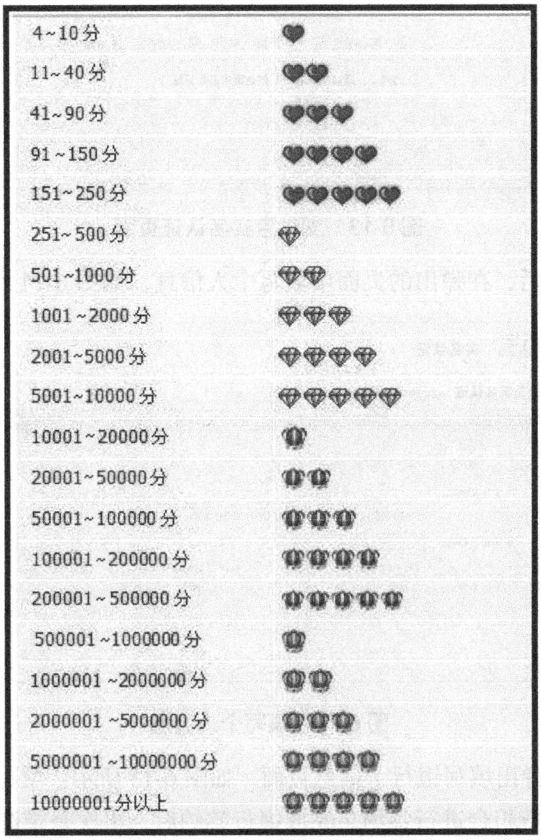

等级	图标
4~10 分	♥
11~40 分	♥♥
41~90 分	♥♥♥
91~150 分	♥♥♥♥
151~250 分	♥♥♥♥♥
251~500 分	♦
501~1000 分	♦♦
1001~2000 分	♦♦♦
2001~5000 分	♦♦♦♦
5001~10000 分	♦♦♦♦♦
10001~20000 分	👑
20001~50000 分	👑👑
50001~100000 分	👑👑👑
100001~200000 分	👑👑👑👑
200001~500000 分	👑👑👑👑👑
500001~1000000 分	👑
1000001~2000000 分	👑👑
2000001~5000000 分	👑👑👑
5000001~10000000 分	👑👑👑👑
10000001 分以上	👑👑👑👑👑

图 6-12　卖家信度级别

③ 选择商品，单击"立即购买"按钮。

④ 出价，并填写购买订单。

⑤ 付款给支付宝，支付成功后的订单状态显示为"买家已付款，等待卖家发货"。

⑥ 查看订单状态，如果卖家已发货，则显示"卖家已发货，等待买家确认"。买家确认收货后，支付宝付款给卖家，交易成功。交易完成后，买家可对商品进行评价。

3. 卖家流程（卖家如何销售宝贝）

（1）申请支付宝实名认证

登录支付宝账户，在支付宝首页中单击"申请认证"按钮，弹出支付宝实名认证页面，如图 6-13 所示。

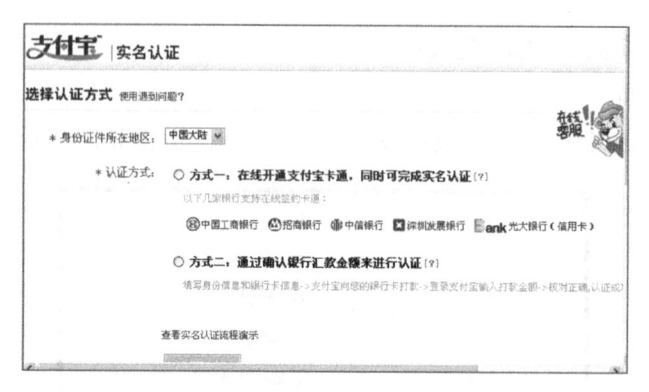

图 6-13　支付宝实名认证页面

选择实名认证方式后，在弹出的页面中填写个人信息，如图 6-14 所示。

图 6-14　填写个人信息

个人信息提交后，弹出填写银行卡信息页面，如图 6-15 所示。填写完相关信息后，需要用户本人带着身份证去银行柜台进行签约。完成银行签约后，再次登录淘宝账户，并进入"我的淘宝"页面，可以看到该用户已经有了支付宝实名认证的标志。通过个人实名认证后，用户会收到淘宝网和支付宝的邮件，在页面中单击"请点此处查看"链接，打开电子邮箱，查看来自淘宝网和支付宝的电子邮件。

图 6-15　填写银行卡信息

（2）网上开设店铺

在淘宝网首页单击页面右上方的"千牛卖家中心"下面的"免费开店"按钮，进入淘宝网免费开店页面。淘宝网上店铺分为个人店铺与企业店铺两种，选择合适的类别注册。使用淘宝账户登录，在淘宝网免费开店页面填写相关信息，注册结果如图6-16所示。

图 6-16　千牛注册页面

填写店铺名称，如果支付宝账户已实名认证，即可进行淘宝实名认证，用手机淘宝扫描二维码，进入人脸识别认证，单击"确定"按钮，淘宝店铺开设成功，进入淘宝商家创业档案页面，如图6-17所示。

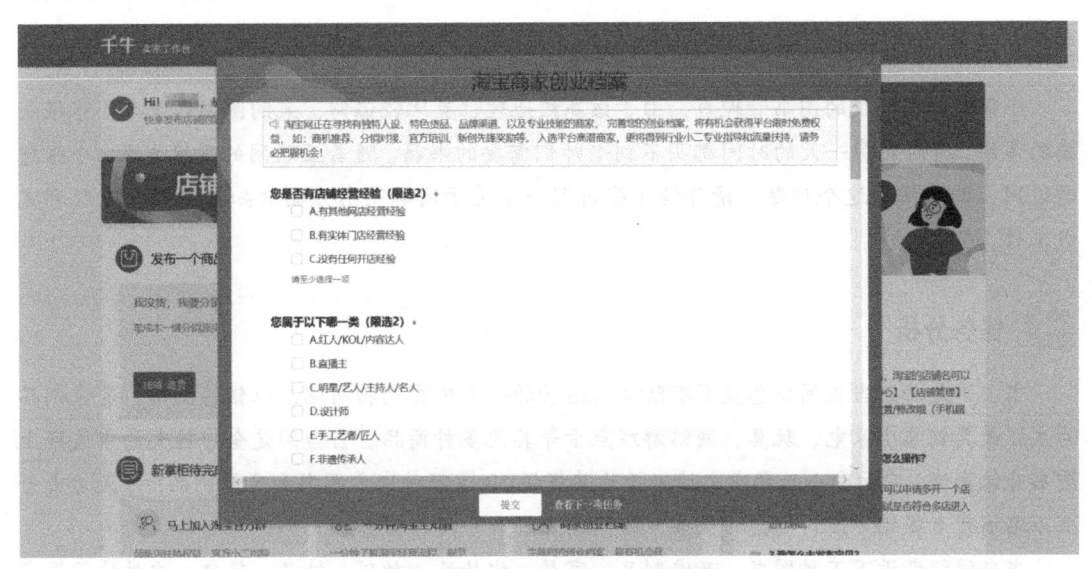

图 6-17　淘宝商家创业档案页面

进入千牛卖家中心的管理后台，如图6-18所示。下面就可以进行店铺管理、页面装修等操作，并上传商品了。

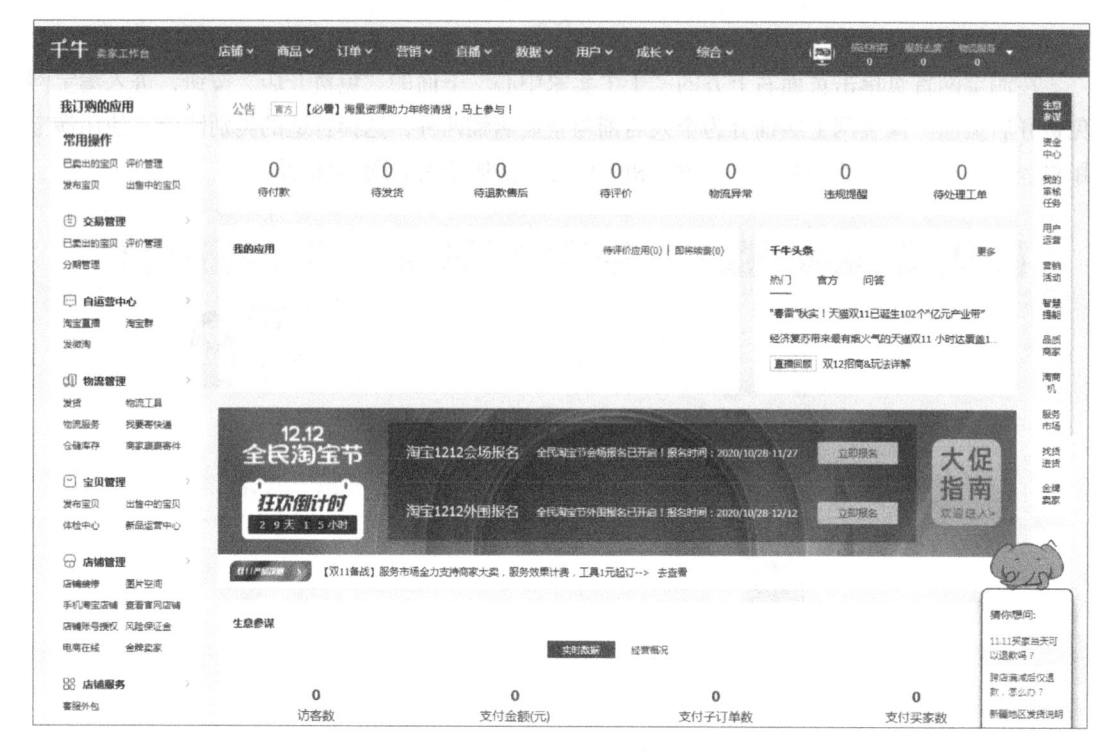

图 6-18　千牛卖家中心管理后台

任务二　B2C 电子商务

任务引入

小张是一家高校的图书管理员,由于该高校地理位置比较偏僻,采购图书成了令小张很头痛的事情,有时花费一天的时间都买不到老师们需要的书籍。随着互联网的飞速发展,小张想通过网上购物解决这个难题。请你给小张讲解一下关于网购图书方面的知识,帮助他顺利完成工作。

任务分析

当当网是北京当当网信息技术有限公司运营的一家中文购物网站,以销售图书、音像制品为主,兼具销售小家电、玩具、网络游戏点卡等其他多种商品。当当网是全球较大的中文网上图书音像商城,它面向全世界中文读者并为其提供 30 多万种中文图书和音像制品,每天为成千上万名消费者提供方便、快捷的服务,给网购者带来方便和实惠。

当当网经营近百万种图书、音像制品、家居、化妆品、数码、饰品、箱包、户外休闲等商品,是我国经营商品种类最多的网上零售店之一。当当网参照国际先进经验独创的商品分类、智能查询、网站导航和购物流程等,为消费者提供了愉悦的在线购物体验。当当网的使命是坚持"更多选择,更多低价",其网站的全部商品"假一罚十"。当当网可在全国 800 个大、中城市实现"货到付款""上门退换货",像当当网这样的网络零售公司在一定程度上推动了银行网上支付、邮政、速递等服务行业的迅速发展。

相关知识

1. B2C 电子商务

B2C(Business to Customer)是电子商务按交易对象分类中的一种模式,是商业机构与消费者个人之间的电子商务。B2C 电子商务一般以网络零售业为主,主要借助互联网开展在线销售活动。B2C 电子商务即企业通过互联网为消费者提供一个新型的购物环境——网上商店,消费者进行网络购物、网上支付。B2C 电子商务节省了消费者和企业的时间,从而大大提高了交易效率。

2. B2C 电子商务模式的组成

B2C 电子商务由四个基本部分组成:网上商城、物流配送体系、支付结算系统和安全认证系统。

(1)网上商城

网上商城也称虚拟商场,是商家直接面向消费者的场所。网上商城以图片的形式陈列琳琅满目的虚拟商品,如图 6-19 所示为当当网首页。

图 6-19 网上商城——当当网

(2)物流配送体系

物流配送体系是阻碍网上商城发展的一个主要瓶颈。商家根据配送范围的大小可选择不同的配送方式，近距离可用直接送货，远距离可用 EMS 或第三方物流。例如，上海复来物流有限公司总部地处闵行南方物流园区，是一家专业从事国内（包括香港地区、澳门地区和台湾地区）货运、仓储、运输、配送等服务的一体化、现代化物流企业，可承担全国各地公路、铁路、水路的整车、零担运输业务，为客户量身定制灵活、变通的个性化物流运输服务。近几年 B2C 电子商务在我国飞速发展，各种类型的购物网站为消费者提供了大量的商品。但是，由于物流管理体系还不完善，跟不上电子商务的发展速度，因而形成配送瓶颈——物流服务无法控制和保证、对出现的问题响应太慢、外地的配送成本高而效率低、可以配送到的城市范围很小等诸多问题，限制了 B2C 电子商务业务的发展。如果对物流问题没有充分的认识并给予足够的重视，电子商务的优势就很难发挥出来。

（3）支付结算系统

支付结算系统是为交易活动提供支付货款的平台。支付方式决定了资金的流动过程，目前 B2C 电子商务网络支付方式有信用卡、智能卡、电子钱包、电子现金和个人网络银行等。

（4）安全认证系统

安全认证包括消费者身份确认和支付确认。在 B2C 电子商务模式中，对消费者身份确认大多采用电话和电子邮件形式。通过 CA 认证中心也可进行身份确认，但由于其操作技术的复杂性目前尚未普及。

3．B2C 电子商务的购物流程

B2C 电子商务的购物流程如图 6-20 所示。

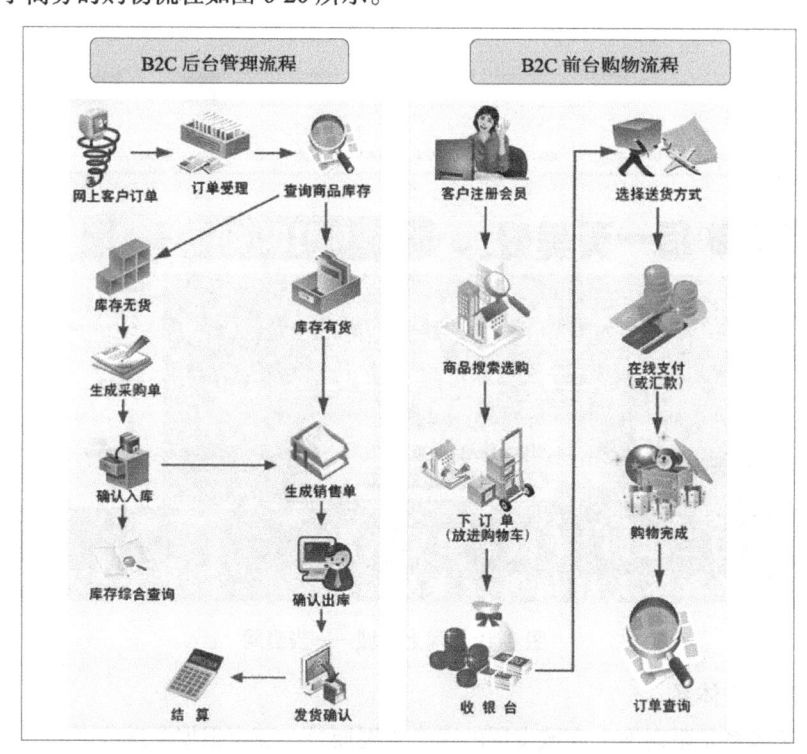

图 6-20 B2C 电子商务的购物流程

任务实施

本次的任务是使用典型的 B2C 电子商务网站进行购物,下面我们主要以典型 B2C 电子商务模式的当当网为例,讲解网上购物的操作流程。

① 登录当当网(http://www.dangdang.com),其首页如图 6-21 所示。

图 6-21 当当网首页

② 选购商品并放入购物车:搜索并选择你需要的商品,单击"加入购物车"按钮即可将其放入购物车;单击"去购物车结算"按钮可查看购物车中的商品,如果你还想购买其他商品,则可单击"继续购物"按钮;商品选择完毕,单击"结算"按钮,即可进入注册/登录页面。

③ 注册/登录。如果你未在当当网注册登记过,需要输入用于注册的手机号码,单击"立即注册"按钮进入注册页面,设定登录密码即可完成注册;如果你已经在当当网注册登记过,只需要输入当时注册登记的手机号码并输入登录密码即可登录当当网。

④ 填写收货信息。完成注册/登录后,在收货信息页面填写收货人的详细信息。

⑤ 选择送货方式。填写完收货人信息后,你可以根据你所在地区和时间要求选择你想要的送货方式。当当网提供了快递、普通邮寄、特快专递和加急送(仅限北京五环以内)等多种送货方式。

⑥ 选择包装和付款方式。收货信息填写完毕后,即可选择该订单的付款方式及商品包装、包裹、发票信息等。当当网提供了多种支付方式,有在线支付、邮局汇款、银行电汇等。

⑦ 提交订单等待收货。填写并确认完以上信息后,你就可以提交订单了。提交订单后,当当网会弹出一个订单提交成功的页面信息,你可以记下页面中的订单号,以便随时查询订单状态。

⑧ 收货,完成购物。

任务三 B2B 电子商务

任务引入

王刚在一家家具厂从事采购工作，他的工作内容主要是通过阿里巴巴采购批发网（http://www.1688.com）获得制造家具原材料的供应商信息并与其在线洽谈，完成采购任务。

任务分析

阿里巴巴是全球 B2B 电子商务的知名品牌，是目前全球较大的网上交易市场和商务交流社区。良好的定位、稳固的结构、优秀的服务使阿里巴巴成为全球首家拥有超过 800 万个商户的电子商务网站，其商户遍布 220 个国家和地区，其网站每日向全球各地企业及商家提供 810 万条供求信息，被商人们评为"最受欢迎的 B2B 网站"。优异的成绩使阿里巴巴受到各界人士的关注，WTO 首任总干事彼得·萨瑟兰出任阿里巴巴顾问，美国商务部、日本经济产业省、欧洲中小型企业联合会等政府和民间机构均向本地企业推荐阿里巴巴。

相关知识

1．B2B 电子商务

B2B（Business to Business）是电子商务按交易对象分类中的一种模式，是通过互联网、外联网、内联网或者私有网络进行的交易，这种交易可能是在企业与其供应链成员之间进行的，也可能是在企业与其他企业之间进行的。

B2B 电子商务的贸易双方从贸易磋商、签订合同到支付，整个交易过程均通过互联网来完成。B2B 电子商务交易的优势在于大大降低了交易成本，具体表现在以下五个方面。

（1）使买卖双方信息交流快捷

信息交流是买卖双方实现交易的基础，传统商务活动的信息交流是通过电话、传真等工具实现的，这与互联网信息以 Web 超文本（包含图像、声音、文本信息）传输不能相提并论。

（2）降低企业间的交易成本

首先，对于卖方而言 B2B 电子商务可以降低企业的促销成本。企业通过互联网发布相关信息（如企业产品价目表、新产品介绍、经营信息等）和宣传企业形象，与传统的电视、报纸广告相比，可以更省钱、更有效。据互联网数据中心调查反馈，在互联网上做广告促销，可以使销售数量增至原来的 10 倍，而费用只是传统广告费用的 1/10。其次，对于买方而言，B2B 电子商务可以降低采购成本。传统的原材料采购是一个程序烦琐的过程，而利用互联网企业可以加强与供应商之间的协作，将原材料采购和产品制造有机地结合起来，形成一体化的信息传递和处理系统。通用电气公司发布的报告称：通用电气公司利用 B2B 电子商务采购系统，可以降低采购费用 30%，其中人工成本降低 20%、材料成本降低 10%。另外，借助互联网，企业还可以在全球市场上寻求产品价格较优的供应商，而不是只局限于原有的几个供应商。

（3）减少企业的库存

为应对变化莫测的市场需求，企业通常需要保持一定的库存量。企业高库存将增加资金占用成本，且不一定能保证产品或材料是适销货品；企业低库存可能使生产计划受阻，交货延期。互联网上的市场需求信息可以帮助企业决策生产，同时也可以把企业的需求信息通过网络及时传递给供应商以适时得到补充供给，从而实现"零库存管理"。

（4）缩短企业生产周期

一个产品的生产是许多企业相互协作的结果，产品的设计、开发和销售会涉及许多关联企业，B2B 电子商务可以改变过去由于信息封闭企业之间相互盲目等待的现象。

（5）24 小时无间断运作，增加了商机

传统的交易模式受到时间和空间的限制，而基于互联网的 B2B 电子商务交易模式则是一周 7 天、一天 24 小时无间断运作，网上的业务可以拓展到传统营销达不到的市场范围。

一个完整的 B2B 电子商务交易过程一般包含四种基本的"流"：信息流、商流、资金流和物流。信息流是指有关交易的各种信息的交流；商流是指商品在购销过程中所有权转移的一系列活动；资金流是指交易过程中资金的转移过程；物流是指产品从供应者向需求者流动的过程。

2．B2B 电子商务交易类型

目前，企业采用的 B2B 电子商务可以分为以下两种类型。

（1）面向制造业或面向商业的垂直 B2B 电子商务

垂直 B2B 电子商务可以分为两个方向，即上游和下游。生产商可以与上游的供应商形成供货关系，如戴尔公司与上游的芯片和主板制造商就是通过这种方式进行合作的；生产商可以与下游的经销商形成销货关系，如思科与其分销商之间进行的交易。

垂直网站是将买方和卖方集合在一个市场中进行交易。之所以称为"垂直"网站，是因为这些网站的专业性很强，它们将自己定位在一个特定的专业领域内，如 IT、化学、工业等。垂直网站将特定产业的上游、下游厂商聚集在一起，使各阶层的企业都能很容易地找到物料采购商和供应商。美国的汽车零件交易网便是一种垂直市场，在这个网站上汽车厂能很快地找到有足够货源的零件供应商，供应商可以迅速地将产品销售出去，甚至库存品也可以通过拍卖的方式售出。

（2）面向中间交易市场的水平 B2B 电子商务

水平 B2B 电子商务将各个行业中相近的交易过程集中到一个场所，为企业的采购方和供应方提供了交易的机会，如环球资源网等。

水平网站是将买方和卖方集中到一个市场上进行信息交流、广告、拍卖竞标、交易、库存管理等。水平网站一开始都以提供各大企业所需的软件起家，在积累了足够的客户群后才连带建立起水平网站，因此这类网站也可视为各大企业内部采购部门的延伸，其主要客户一般是大型企业。之所以称为"水平"网站，主要是指这种网站的行业范围很广，很多行业都可以在同一个网站上进行贸易活动。

3. B2B 网站业务处理流程（见图 6-22）

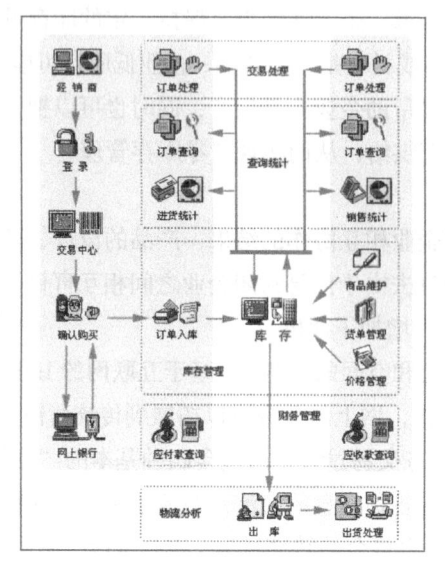

图 6-22　B2B 网站业务处理流程

任务实施

本次任务是使用 B2B 电子商务网站进行网上洽谈及交易，为了完成这个任务我们主要讲解以下两个要点。

- 掌握 B2B 电子商务模式的交易流程。
- 熟悉 B2B 电子商务网上购物的操作环节。

下面我们主要以典型 B2B 电子商务模式的阿里巴巴为例，讲解 B2B 电子商务交易流程。

① 打开阿里巴巴首页，如图 6-23 所示。

图 6-23　阿里巴巴首页

② 注册阿里巴巴会员（会员分为买家与卖家两个身份），填写信息，注册成功后系统会弹出如图 6-24 所示的对话框。

③ 登录阿里巴巴网站，浏览与搜索各类产品信息。

④ 使用阿里旺旺进行在线洽谈，如图 6-25 所示。

图 6-24　阿里巴巴会员注册成功

图 6-25　阿里旺旺

⑤ 发布供求信息页面，如图 6-26 所示。

图 6-26　发布供求信息页面

发布供应信息。在发布供应信息页面中填写产品的相关详细信息，如图 6-27 所示。

图 6-27 发布供应信息页面

供应信息发布成功，如图 6-28 所示。

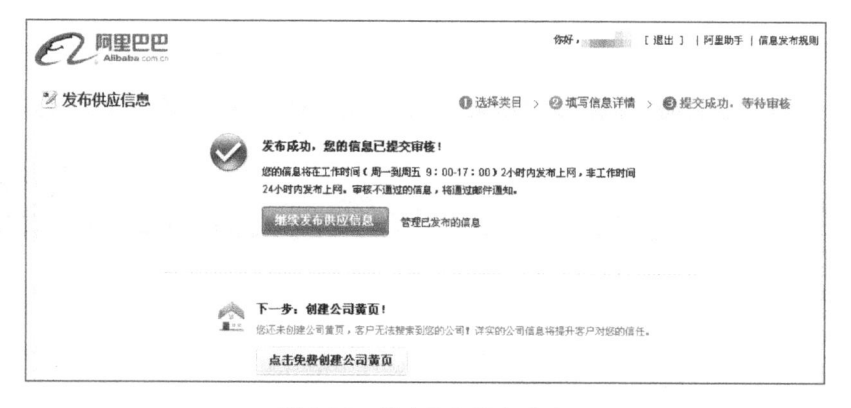

图 6-28 供应信息发布成功

发布求购信息页面，如图 6-29 所示。

图 6-29 发布求购信息页面

⑥ 在阿里巴巴上进行交易。搜索需要购买的商品，使用支付宝支付货款，如图 6-30 所示。

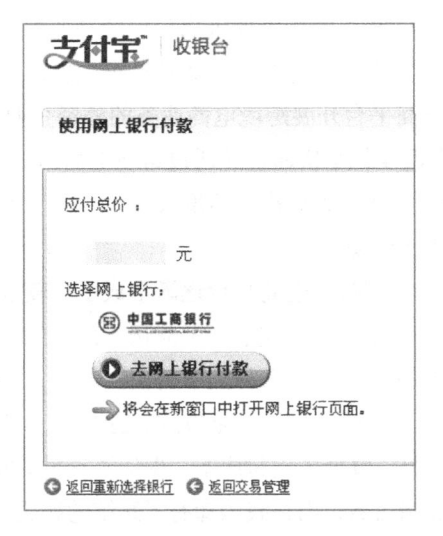

图 6-30　支付宝支付货款页面

⑦ 付款成功之后，卖家发货。买家收到货后，交易完成。

任务四　跨境电子商务

任务引入

小李是一家电器生产厂家市场运营部的经理，公司要将业务拓展到国外，领导让小李在全球速卖通平台上开展电子商务。请你帮助小李在全球速卖通平台上进行开店注册。

任务分析

全球速卖通是阿里巴巴公司旗下面向国际市场打造的跨境电商平台，要在全球速卖通上进行开店注册，需要了解跨境电子商务的相关理论知识，还要熟悉全球速卖通平台的特点，以便顺利完成开店注册任务。

相关知识

随着互联网在全球的迅猛发展，利用网络进行信息沟通、业务处理、通信传递、商务交易等活动越来越普遍了。美观实用、功能完善的网站成为越来越多企业进行产品宣传、在线销售、远程管理的重要工具。

1. 我国跨境电商的发展现状

（1）跨境电商已形成一定规模

近年来，跨境电商逐渐崭露头角。中国电子商务研究中心监测数据显示，2019 年中国跨境电商零售进出口总值达到 1862.1 亿元人民币，同比增长 38.3%。2020 年上半年中国通过海关跨境电商管理平台进出口增长 26.2%。跨境电商进出口保持高速增长，主要在于疫情期间跨境电商企业发挥"不接触"优势和加大欧美等主要市场的开拓力度及一系列利于跨境电商发展的政策落地。我国境内通过各类电商平台开展跨境电商业务的外资企业已有 20 多万家，跨境电商平台企业达 5000 多家，每年有近 4 亿个快递包裹通过跨境电商出口，有 10 亿多件商品通过跨境电商销往世界各地，参与的企业数量和规模不断增长。

（2）跨境电商交易平台日趋成熟

经过几年的创新和发展，我国跨境电商平台逐渐形成了比较成熟的集交易、支付、物流、服务甚至融资于一体的网络外销系统，形成了一个流畅、简易的销售供应链，商品销往世界各地，支付、退货和纠纷等烦琐问题也都逐渐得到了解决。例如，我们不仅支持维萨卡、万事达卡、Moneybookers 和西部联盟等全球通用的付款方式，还支持 30 多种其他国家的不同在线支付工具，使买卖双方得以顺畅交易，降低了支付成本，保证了支付的安全性。这样完整系统的电商解决方案即使在发达国家也屈指可数，而在我国却有了系统的解决方案，可以说我国在跨境电商领域已明显领先。

（3）政府给予高度重视

我国跨境电商的快速发展离不开政府政策的大力扶持。2013 年 8 月，我国商务部等部门和机构先后公布了《关于实施支持跨境电子商务零售出口有关政策的意见》等文件，明确规定要在商品通关、商品检验、税收、外汇买卖、货款支付和信用六个方面支持我国跨境电商的发展。我国财政部、国家税务总局也联合发布通知，明确跨境电商零售出口税收优惠等相关政策。国务院办公厅印发《关于支持外贸稳定增长的若干意见》，鼓励和支持中国企业在海外设立批发及展示中心和建立"海外仓"等国际营销网络。

2. 跨境电商平台介绍

在众多跨境电商平台中，eBay、亚马逊、全球速卖通、敦煌网这四家的市场份额占到 80% 以上，同时新的一批跨境电商平台也在陆续搭建中。"印尼中国商品网""丹麦中国商品网"等国家级电子商务网站纷纷上线运行，力争在跨境电商这个大市场中占有一席之地。除传统 PC 端购物模式外，随着移动互联网的迅速发展，移动购物也开始向传统跨境电商平台发起挑战，且正在逐步改变人们的生活方式和消费观念。

下面将对市场占有率和知名度较高的三个跨境电商平台进行介绍。

（1）eBay

eBay 是在线交易平台的全球领先者，通过 eBay 的全球交易平台，中国卖家的支付、语言、政策、品牌和物流等问题得到了很好的解决。同时，eBay 在出口电商网络零售领域发挥自身优势，将产品销售到世界各国，直接面对亿万消费者。中国卖家可通过 eBay 推广自有品牌，提高产品的认可度。eBay 帮助买卖双方削减中间环节，创造价格优势，降低运营成本。

eBay 对入驻其平台进行跨境电子商务交易的商家收取两项费用：一项是刊登费，即商家在 eBay 上刊登商品所收取的费用；另一项是成交费，即当交易成功时 eBay 平台会收取一定比例的佣金。

eBay 的优势：品牌的国际影响力和全球市场覆盖率，健全的买家保障体系和 PayPal 支付的紧密合作；在物流方面，eBay 联合第三方合作伙伴——中国邮政速递，为中国卖家提供便捷、快速、经济的国际 e 邮宝货运服务，并逐渐从美国、澳大利亚、德国等发达国家向俄罗斯等新兴市场延伸；eBay 推出卖家保护政策，通过大数据技术及买家质量评估，强化对卖家的支持和保护，助力卖家业务的快速发展。

（2）亚马逊

亚马逊以优质的仓储物流系统和售后服务体系闻名于世，除自营业务外还对第三方卖家开放。根据卖家选择的服务不同，亚马逊采用不同的收费标准。卖家在亚马逊全球网站开店，亚马逊将收取平台月租费和交易佣金，无交易则不收取交易佣金。对选择亚马逊物流的卖家加收仓储和物流费用。自主配送的卖家选择的物流公司必须符合亚马逊对配送服务质量的相关要求。

亚马逊的优势：品牌国际影响力和优质的售后服务体系，以及领先的国际仓储物流服务；亚马逊在北美市场提供 FBA 服务，能实现 2~3 天到货，最快次日到货；在欧洲市场，可以帮助卖家实现欧洲五国（英国、法国、德国、意大利和西班牙）的统一仓储和物流服务，并可配送至欧盟其他国家，方便卖家向亚马逊欧洲网站的消费者提供本地化客户服务以及快捷的送货服务；亚马逊平台为卖家提供免费的站内推广服务，为消费者提供精准的商品推荐服务。

（3）全球速卖通

全球速卖通是阿里巴巴旗下面向全球市场打造的在线交易平台，被广大卖家称为国际版"淘宝"。全球速卖通成立于 2010 年，买家范围已经遍及 220 多个国家和地区，覆盖服装服饰、3C、家居、饰品等共 30 个一级行业类目。全球速卖通对交易成功的订单收取 5% 的手续费，不成功则不收费，现正逐步向不同品类、不同支付方式、不同交易金额收取不同比例手续费的商业模式发展。目前，全球速卖通是俄罗斯最受欢迎的跨境网购平台之一，交易额占俄罗斯跨境网购市场总值的 35%，紧随其后的是 eBay，其所占的比例为 30%，亚马逊所占的比例为 7.5%。

全球速卖通不仅拥有英文主站，还拥有俄语、葡语分站，并计划建立印尼分站，有向东南亚扩张的趋势。

全球速卖通的优势：平台交易手续费低，和其他竞争对手相比有明显的优势；丰富的淘宝商品货源，其淘代销功能使卖家可以非常方便地将淘宝商品一键卖向全球，且全球速卖通为卖家提供一站式商品翻译、上架、支付、物流等服务；借助了阿里巴巴国际站的知名度，再加上各大洲相关联盟站点、谷歌线上推广等渠道为全球速卖通引入了源源不断的优质流量。

任务实施

下面主要以跨境电商平台中的全球速卖通为例，讲解跨境电商交易的流程。

① 登录全球速卖通官网 https://www.aliexpress.com，如图 6-31 所示。

图 6-31　全球速卖通官网首页

② 阅读全球速卖通入驻要求，如图 6-32 所示。

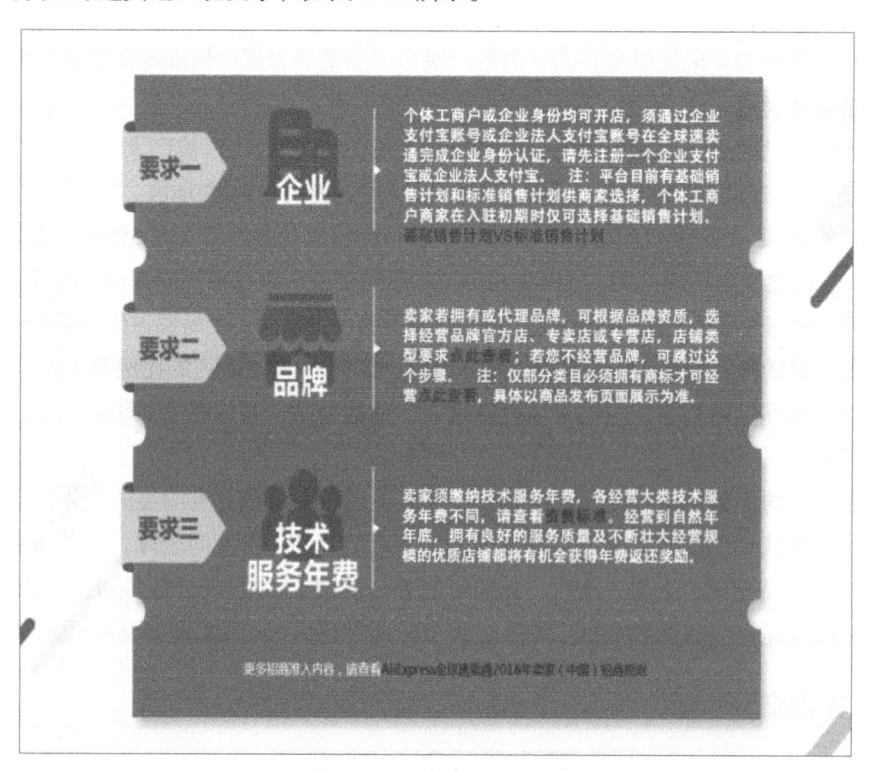

图 6-32　全球速卖通入驻要求

③ 注册卖家账号，如图 6-33 所示。

图 6-33　注册卖家账号

④ 填写注册账号相关信息，如图 6-34 所示。

图 6-34　填写注册账号相关信息

⑤ 完善信息。选择企业实名认证，如图 6-35 所示；选择个体户实名认证，如图 6-36 所示。

图 6-35　企业实名认证

图 6-36　个体户实名认证

⑥ 以企业支付宝授权认证为例，登录支付宝企业账户并同意全球速卖通读取支付宝的认证信息用于身份认证，如图 6-37 所示。

图 6-37　同意全球速卖通读取支付宝的认证信息

⑦ 完成同意全球速卖通读取支付宝的认证信息之后，手机扫码登录支付宝并同意授权，如图 6-38 所示。

图 6-38　手机扫码登录支付宝

⑧ 授权完成后等待审核，全球速卖通注册完成。

技能训练

【技能训练 1】京东商城购物

1. 实训目的

掌握 B2C 电子商务模式的交易方式及操作流程，重点了解典型的 B2C 电子商务模式——京东商城的购物流程。

2. 实训内容和步骤

（1）注册京东商城会员。

（2）浏览商品，完成订单。

（3）支付货款。

（4）评价商品。

3. 撰写实训报告

实训报告以书面形式提交，字数2000字左右。

【技能训练2】企业信息发布

1. 实训目的

通过阿里巴巴企业信息发布的操作，掌握B2B电子商务模式的交易方式及操作流程。

2. 实训内容

（1）注册阿里巴巴会员。

（2）企业信息发布。

3. 撰写实训报告

实训报告以书面形式提交，字数2000字左右。

实训项目 7

网络市场调研

任务一　收集整理网络商务信息

任务引入

李明想通过网络收集一些商务信息，但他不知道应该怎样收集，下面我们帮助李明完成这个任务。

任务分析

互联网上有巨大的信息数据库，网络营销人员可以通过互联网获取大量有价值的数据和信息。下面的任务将指导大家利用网络查询各类商品的供求信息，通过网络查询获得环境信息、消费者信息及同行竞争者信息。

相关知识

在商务活动中，信息通常指的是商业消息、情报、数据、密码和知识等。网络商务信息限定了商务信息传递的媒体和途径。只有通过计算机网络传递的商务信息，包括文字、数据、表格、图形、影像、声音及内容能够被人或计算机察知的符号系统，才属于网络商务信息的范畴。信息在网络空间的传递被称为网络通信，在网络上停留时被称为存储。

网络商务信息是指存储于网络并在网络上传播的与商务活动有关的各种信息的集合，是各种网上商务活动之间相互联系、相互作用的描述和反映，是对用户有用的网络信息，网络是其依附载体。

任务实施

本次任务是收集整理网络商务信息,为了完成这个任务,我们需要掌握以下两个方面的操作能力。

- 掌握收集网络商务信息的基本技巧。
- 掌握利用电子邮箱收集网络商务信息的方法。

1. 使用搜索引擎收集网络商务信息

搜索引擎是指能及时发现所需要的调研对象内容的"电子指针"。在互联网上查找商务信息既可以用综合类搜索引擎,也可以用各种专题搜索引擎,如商贸引擎。针对不同的信息,既可以使用中文搜索引擎,也可以使用英文搜索引擎。

(1)使用英文搜索引擎收集网络商务信息

Excite 搜索引擎是一款深受用户喜爱的英文搜索引擎,其搜索页面如图 7-1 所示。在 Excite 中查找商务信息可以采用关键词检索,也可以通过分类目录检索,分类目录中与市场营销密切相关的有商业、投资、汽车、计算机等,Excite 的专题检索栏目有黄页、人物、地图、股市行情等。

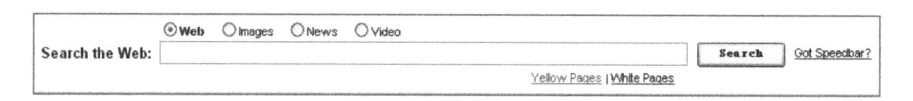

图 7-1 Excite 搜索页面

(2)使用中文搜索引擎收集网络商务信息

目前在互联网上可以选择的搜索引擎有很多,如百度、谷歌、搜狗、新浪、雅虎、搜狐等。

① 百度搜索引擎,其搜索页面如图 7-2 所示。百度搜索引擎使用了高性能的"网络蜘蛛"程序,可自动地在互联网中搜索信息,可定制、高扩展性的调度算法使得搜索器能在极短的时间内收集较大数量的互联网信息。百度在中国各地和美国均设有服务器,搜索范围覆盖了中国、新加坡等华语地区及北美、欧洲的部分站点。

图 7-2 百度搜索页面

② 谷歌搜索引擎,其搜索页面如图 7-3 所示。谷歌搜索引擎是由斯坦福大学的两位博士 Larry Page 和 Sergey Brin 在 1998 年创立的,目前它每天需要处理 2 亿次搜索请求,数据库存有 30 亿个 Web 文件。谷歌搜索引擎提供常规搜索和高级搜索两种功能,有多种语言工具可供选择。

图 7-3　谷歌搜索页面

③ 搜狗搜索引擎，其搜索页面如图 7-4 所示。搜狗搜索引擎是搜狐公司旗下的子公司于 2007 年 1 月 1 日推出的，目的是增强搜狐网的搜索功能，主要经营搜狐公司的搜索业务。搜狗查询非常简洁方便，只需要输入查询内容并敲一下回车键（Enter）或单击"搜狗搜索"按钮即可得到相关的资料。

图 7-4　搜狗搜索页面

④ 新浪搜索引擎，其搜索页面如图 7-5 所示。新浪搜索引擎是面向全球华人的网上资源查询系统，它收录了大量的中文网站地址，其内容丰富、分类详细，是目前互联网上规模较大的中文搜索引擎之一。

图 7-5　新浪搜索页面

2．利用电子邮箱收集网络商务信息

据调查，电子邮箱是互联网上使用率极高的工具，对企业管理人员而言，利用电子邮箱搜集商务信息不失为一种好方法。

（1）获取客户的电子邮件地址的几种方法

① 查阅企业原有客户的通信文件或者数据库，以获取原有客户的电子邮件地址。

② 在企业网站上建立客户留言簿供访问者留言，在每个客户留言之前要求他必须先注册成为本网站的会员，在会员的注册内容中获取客户的电子邮件地址，如图 7-6 所示。

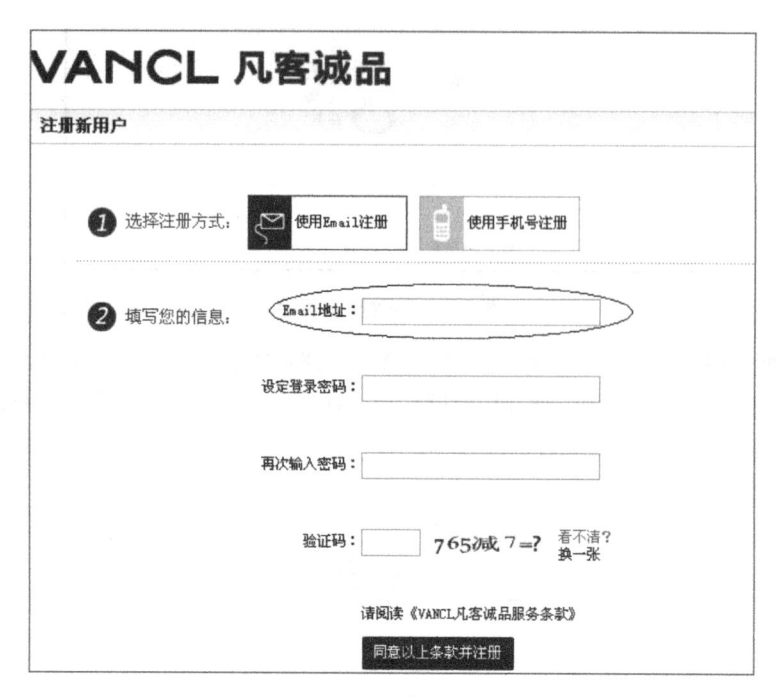

图 7-6　凡客诚品网站新用户注册页面

③ 在网站上建立与产品或服务内容相关联的讨论，以吸引客户参与并留下电子邮件地址，如图 7-7 所示。

图 7-7　凡客诚品网站的投诉与建议页面

④ 通过专门的电子邮件地址服务商租用电子邮件地址。
⑤ 通过专用的电子邮件地址搜集软件，在特定的范围内搜集电子邮件地址。

（2）制作网上调查问卷

网上调查问卷可由多个问题组成，问题包括需要用户输入信息的填空题、单项选择题、多项选择题，并可指定必答项和非必答项。问卷生成前后都可即时修改。问卷应清楚写明自己企业的联系方式。专业的在线问卷调查、测评、投票平台——问卷星，其首页如图7-8所示。

图7-8 问卷星首页

（3）通过电子邮箱向客户发送调查问卷

（4）汇集反馈

通过电子邮箱接收客户反馈信息，并计算问卷返回比例，对调查问卷的相关信息进行整理汇总，以获得目标信息。

3. 利用网上商业资源站点查找商务信息

互联网上有很多商业资源站点，集中了大量的商务信息，而且极大部分是供用户免费使用的。其中与网络市场调研有关的资源站点有很多，如商业门户网站、专业资源网站、专业调查网站、电子商务网站、工商企业网站等，市场调研人员通过它们可获得很多有价值的商务信息。

（1）利用商业门户网站收集商务信息

① Ueeshop 全球贸易平台。Ueeshop（见图7-9）是国内最早专注于 SaaS 跨境电商的自建站平台，由广州联雅网络科技有限公司于2010年自主研发，为跨境电商零售卖家及外贸出口企业提供快速自主建站服务，至今已有23 500个以上的用户使用 Ueeshop 经营全球网络生意，其中 B2C 电子商务年度交易额达3亿美元。Ueeshop 通过持续地升级，已累积丰富的运营插件，能满足不同用户对系统的需求。系统已连接上游、下游的合作伙伴，包括市场主流的营销平台、支付企业和 ERP 系统等，帮助用户快速建站并实现闭环运营。

图 7-9　Ueeshop 网站首页

② 阿里巴巴。阿里巴巴是全球知名的 B2B 电子商务系列网站，旗下公司有淘宝、天猫、支付宝、阿里妈妈、口碑网、阿里云和聚划算等。

阿里巴巴主要信息服务栏目包括找工厂、伙拼、厂货通、一件代发、实力优品、跨境专供、工业品牌、大企业采购、找档口、商人社区和云上会展，如图 7-10 所示。

图 7-10　阿里巴巴网站首页

（2）利用专业调查网站收集商务信息

专业调查网站都是由政府或一些业务范围相近的企业或某些网络服务机构开办的，如中国调查网等。通过这些专业调查网站和相关调查频道，可免费查阅各个行业、各种产品已完成的市场调查报告等相关信息，如图 7-11 所示。

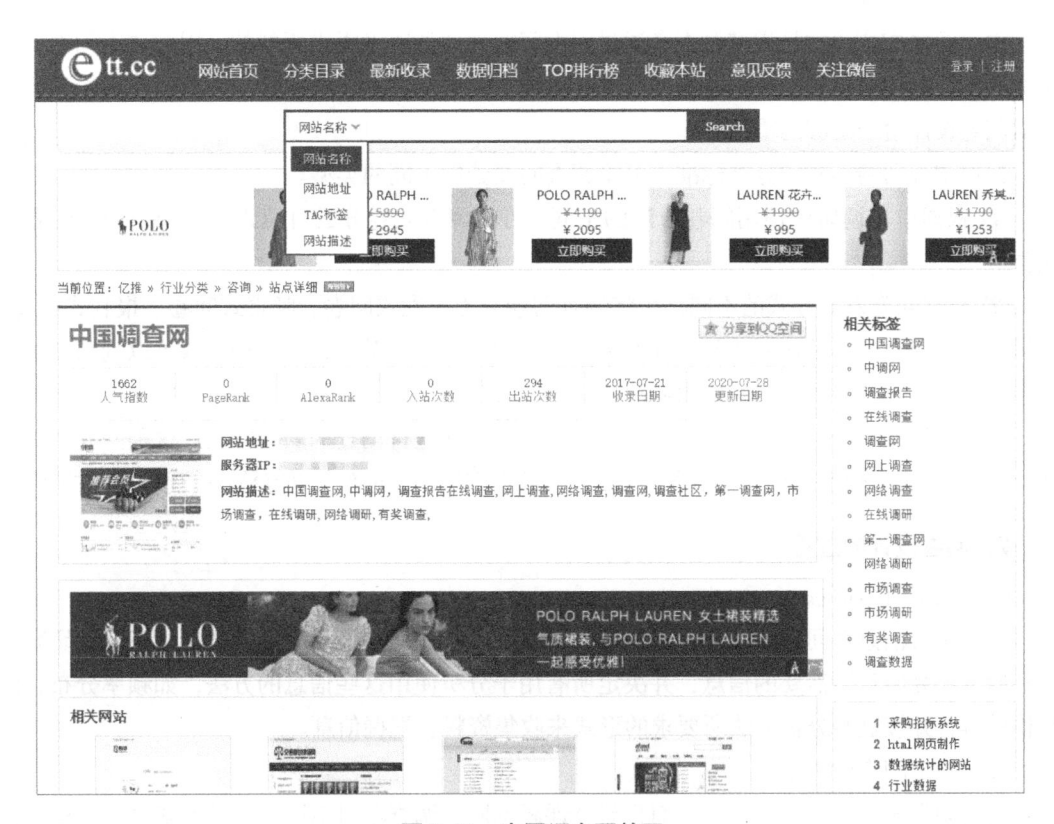

图 7-11 中国调查网首页

任务二　设计网络市场调研问卷

任务引入

李明想为公司推出的一款新产品设计一份商业调查问卷,他应该如何进行设计呢?下面我们帮助李明完成这个任务。

任务分析

问卷调查是现代社会市场调研的一种十分重要的方法,在问卷调查中问卷设计又是其中的关键,问卷设计的好坏将直接决定着能否获得准确、可靠的市场信息。

相关知识

1. 问卷设计概述

问卷设计是根据调查目的将所需要调查的问题具体化,使调查者能顺利地获取必要的信息资料，以便统计分析。

由于问卷方式通常是靠被调查者通过问卷间接地向调查者提供资料的，因此调查问卷设计是否科学、合理将直接影响问卷的回收率，影响资料的真实性、实用性。因此，在市场调研中应对问卷设计给予足够的重视。

按照调查问卷不同的分类标准，可将调查问卷分成不同的类型。

① 根据市场调研中使用问卷方法的不同，可将调查问卷分成自填式问卷和访问式问卷两大类。

② 根据问卷发放方式的不同，可将调查问卷分为送发式问卷、邮寄式问卷、报刊式问卷、人员访问式问卷、电话访问式问卷和网上访问式问卷六种。其中，前三种大致可以划归自填式问卷范畴，后三种则属于访问式问卷范畴。

网上访问式问卷是在互联网上制作，并通过互联网进行调查的问卷类型。这种问卷不受时间、空间的限制，便于获得大量信息，特别是敏感性问题，相对而言更容易获得比较满意的答案。

2. 问卷设计的过程

（1）确定所需信息

确定所需信息是问卷设计的前提工作。调查者必须在问卷设计之前就把握所有达到研究目的和验证研究假设所需要的信息，并决定所有用于分析使用这些信息的方法，如频率分布、统计检验等，并按这些分析方法所要求的形式来收集资料、把握信息。

（2）确定问卷的类型

制约问卷选择的因素有很多，而且研究课题不同、调查项目不同，制约因素也不一样。在确定问卷类型时，必须综合考虑以下制约因素：调查费用、时效性要求、被调查对象和调查内容。

（3）确定问题的内容

确定问题的内容似乎是一个比较简单的问题，然而事实上不然，这其中还涉及一个个体的差异性问题：也许你认为容易的问题而被他人认为是困难的问题；你认为熟悉的问题而被他人认为是生疏的问题。因此，确定问题内容应与被调查者联系起来，分析被调查者群体的特征有时比盲目分析问题的效果要好。

（4）确定问题的类型

问题的类型归结起来分为四种：自由问答题、两项选择题、多项选择题和顺位式问答题。其中后三类均可称为封闭式问题。

① 自由问答题也称开放型问答题，只提问题不给具体答案，要求被调查者根据自身实际情况自由作答。自由问答题主要限定于探索性调查，在实际的调查问卷中这种问题类型不多。自由问答题的优点是被调查者的观点不受限制，便于深入了解被调查者的建设性意见、态度、需求问题等；其缺点是难于编码和统计。自由问答题一般应用于以下几种场合：作为调查的介绍；某个问题的答案太多或根本无法预料；由于研究需要，必须在研究报告中引用被调查者的原话。

② 两项选择题也称是非题，是多项选择题的一个特例，一般只设两个选项，如"是与否"或"有与没有"等。两项选择题的优点是简单明了；其缺点是所获信息量太小，两种回答类型有时往往难以了解和分析被调查者群体中客观存在的不同态度。

③ 多项选择题是从多个备选答案中选择一个或选择几个选项。这是各种调查问卷中采用最多的一种问题类型。多项选择题的优点是便于回答，便于编码和统计；其缺点是问题提供答案的排列次序可能容易产生歧义。

④ 顺位式问答题也称序列式问答题，是在多项选择的基础上，要求被调查者对询问的问题答案按自己认为的重要程度和喜欢程度顺位排列。

在现实的调查问卷中，往往几种类型的问题同时存在，单纯采用一种问题类型的问卷并不多见。

（5）确定问题的措辞

很多人可能不太重视问题的措辞，而把主要精力集中在问卷设计的其他方面，这样做的结果是有可能降低问卷的质量。

下面是关于问题措辞的四条建议。

① 问题的陈述应尽量简洁。
② 避免提带有双重或多重含义的问题。
③ 最好不要使用反义疑问句，避免使用否定句。
④ 注意避免问题的从众效应和权威效应。

（6）确定问题的顺序

问卷中的问题应遵循一定的排列次序，问题的排列次序会影响被调查者的兴趣、情绪，进而影响其合作积极性。所以，一份好的问卷应对问题的排列做出精心的设计。

（7）问卷的排版和布局

问卷的设计工作基本完成之后，便要着手问卷的排版和布局。问卷排版和布局总的要求是整齐、美观，便于阅读、作答和统计。

（8）问卷的测试

问卷的初稿设计工作完成之后，不要急于投入使用，特别是对于一些大规模的问卷调查，最好的办法是先组织问卷的测试，如果发现问题要及时修改，测试通常选择20~100个人，样本数不宜太多，也不要太少。如果第一次测试后问卷有很大的改动，可以考虑是否有必要组织第二次测试。

（9）问卷的定稿

当问卷的测试工作完成并确定没有必要再进一步修改后，可以考虑定稿。问卷定稿后就可以交付打印，正式投入使用。

（10）问卷的评价

问卷的评价，实际上是对问卷的设计质量进行的一次总体性评估。对问卷进行评价的方法有很多，包括专家评价、上级评价、被调查者评价和自我评价等。

任务实施

1. 调查问卷的基本结构

调查问卷的基本结构一般包括四个部分，即问卷说明、调查内容、编码和结束语。其中调查内容是问卷的核心部分，是每一份问卷必不可少的内容，其他部分则根据设计者需要可取可舍。

（1）问卷说明

问卷说明包括称呼、调查目的、填写者受益情况、主办单位和感谢语等。若涉及个人资料，应该有隐私保护说明，如下例所示。

尊敬的用户，您好！

我们是××学院的学生，我们正在做有关肉类熟食的市场调查，目的在于了解食品行业市场现状，您的调查问卷将成为我们宝贵的参考资料。问卷问题答案没有对错之分，您可以如实作答，我们将对您的个人资料进行保密处理。感谢您的参与和支持！

问卷填写说明：提供参考选项的，只需要您在认同的选项前的（　）中打"√"即可；没有提供参考选项的，请将您的答案写在相应的横线上。

（2）调查内容

调查内容是调查问卷的主体，主要包括根据调查目的所设计的调查问题与参考选项，调查问卷一般不超过 20 个问题。

调查问题的提出可以分为以下几种类型。

① 按问题的性质可划分为直接性问题、间接性问题和假设性问题。

例：如果你购买保健品，你希望有何效果？

（　）A．调节人体各种机能，改善睡眠，延年益寿。

（　）B．缓解疲劳，使消耗的体力迅速恢复。

（　）C．增强免疫力，抗病毒。

（　）D．提神醒脑，消除紧张情绪，提高学习效率。

② 按问题要收集的资料性质可划分为事实性问题、行为性问题、动机性问题和态度性问题。

- 事实性问题。收集事实性问题的主要目的是获得有关被调查者的事实性资料。因此，问题的意思必须清楚，能够让调查者容易理解和回答。
- 行为性问题。收集行为性问题的主要目的是获得有关被调查者的行为方面的信息资料，比如"您是否喜欢吃面包""您是否使用××牌牙膏""您是否经常浏览××网站"等。
- 动机性问题。收集动机性问题的主要目的是了解被调查者行为的原因或动机，比如"您为什么喜欢使用××牌牙膏""您购买××牌热水器的原因是什么""您上网的主要目的是什么"等。

- 态度性问题。收集态度性问题的主要目的是了解被调查者对某一个事物或某一个问题的态度、评价、看法等，比如"您对××产品的质量满意吗""您对这种销售方式有何看法"等。

（3）编码

编码一般应用于大规模的问卷调查中。因为在大规模问卷调查中，调查资料的统计汇总工作十分繁重，借助编码技术和计算机可大大简化这项工作。

编码是将调查问卷中的调查项目及备选答案给予统一设计的代码。编码既可以在问卷设计的同时就设计好，也可以等调查工作完成以后再进行。前者称为预编码，后者称为后编码。在实际调查中，通常采用预编码。

（4）结束语

结束语放在调查问卷的结尾部分，一方面对被调查者的积极合作表示感谢，另一方面还可向被调查者征询对市场调查问卷设计的内容和对问卷调查的意见与建议。此外应注明公司的标志性信息（如公司名称、网站和联系方式等），这是宣传公司形象的好机会，例如：

感谢您的大力支持！祝您身体健康！生活美满！工作顺利！

××公司

××××年××月××日

2．选择合适的方式发布网络市场调研问卷

（1）使用电子邮箱发布网络市场调研问卷

据调查，每天只有不到30%的网民上网浏览信息，但有70%的网民每天都要使用电子邮箱。电子邮箱使用方便快捷，深受用户的欢迎。目前，在网络市场调研中大多数企业是通过电子邮箱来发布调研问卷的。

使用电子邮箱发布网络市场调研问卷主要有以下四点需要注意。

① 主动收集。主动收集就是想方设法组织一些活动让客户参与进来，如竞赛、评比、猜谜、网页特殊效果、优惠、售后服务和促销等。用这种方式有意识地营造自己的网上客户群，不断地利用电子邮箱来维系与他们的关系。

② 准确定位。发送电子邮件要注意受众对象。如果滥发的话，一来效果低，二来会被当成垃圾邮件，也许会产生相反的效果。

③ 发送周期。发送电子邮件也要根据内容制定发送周期。如果发送的是相关新闻信息，当然周期不宜过长；如果是一般信息就不要过于频繁，否则对客户来说刚开始可能很感兴趣，后来就变成一种负担了。电子邮件信息内容的选择要有精品意识，即使发错了对象，客户也容易原谅并且接受。

④ 管理技巧。使用电子邮箱收集信息，应以各种方式收集电子邮件地址并要善于管理，这是有针对性地发送电子邮件的前提。同时要建立自己的电子邮件列表，把收集到的电子邮件地址逐一放进去，开展调研时直接向这些电子邮箱发送电子邮件就可以了。

（2）使用基于 Web 方式的网络市场调研方式

它的优点不仅在于能选择字体、色彩及插入图像来增强问卷的可读性，而且能使问卷调查"智能化"。这意味着可以根据被调查者对于上一个调查问题的回答，智能化地设计问卷。

（3）将网络市场调研外包给专业的第三方公司

如果企业选择将网络市场调研外包给专业的第三方公司（这也是大多数企业的选择），能够使企业获得专业化、智能化的及时数据跟踪与分析服务。问智道网是专业的在线问卷调查、市场调研平台，其首页如图 7-12 所示。

图 7-12　问智道网首页

任务三　撰写网络市场调研报告

任务引入

李明想写一份关于旅游市场的调研报告，但他不知道从何下手。下面我们帮助李明完成这个任务。

任务分析

调研报告是市场调研成果的集中体现，它是经过对信息资料的整理与分析，对所调研的问题做出结论并提出建设性意见，以供决策者参考。调研人员从互联网上收集到信息后，必须对这些消息进行整理和分析。下面的任务将指导大家提交一份图文并茂的网络市场调研报告，以便决策者针对企业的情况及时调整营销策略。

相关知识

网络市场调研报告的格式一般由封面、标题、目录、概述、正文、附件等部分组成。

1. 封面

封面包括调研报告题目、委托单位、承担单位、项目负责人和时间等主要信息。

2. 标题

标题是网络市场调研报告的题目,一般有两种构成形式:一种是公文式标题,即由调研对象和内容、文种名称组成,如《关于 2020 年中国互联网络发展状况统计报告》;另一种是文章式标题,即用概括性的语言形式直接交代调研的内容或主题,如《我国老年人生活现状及需求调研报告》。

3. 目录

如果调研报告的内容、页数较多,为了方便读者阅读,应当使用目录或索引形式列出报告的主要章节和附录,并注明标题、章节及页码。一般来说,目录的篇幅不宜超过一页。

4. 概述

概述又称导语,主要阐述调研报告的基本情况,它是按照调研课题的顺序将问题展开,并阐述对调研的原始资料进行选择、评价、做出结论、提出建议等的原因,其主要包括以下三个方面的内容。

第一,简要说明调研的目的,即简要地说明调研的由来和委托调研的原因。

第二,简要介绍调研对象和调研内容,包括调研时间、地点、对象、范围、调研要点和所要解答的问题。

第三,简要介绍调研的方法。介绍调研的方法,有助于使人确信调研结果的可靠性,因此对所用方法要进行简短叙述,并说明选用其方法的原因。例如,是用抽样调查法还是用典型调查法,是用实地调查法还是用文案调查法。另外,再分析使用的方法,如对指数平滑分析、回归分析、聚类分析、相关分析法等方法都应进行简要说明。如果部分内容很多,应有详细的工作技术报告加以说明补充,附在网络市场调研报告的附件中。

5. 正文

正文是调研报告的核心,也是写作的重点和难点所在。它要完整、准确、具体地说明调研的基本情况,进行科学、合理的分析预测,在此基础上提出有针对性的对策和建议。正文具体包括以下三个方面的内容。

(1)基本情况介绍

它是全文的基础和主要内容,要用叙述和说明相结合的手法,将调研对象的历史和现实情况表述清楚。无论如何都要力求做到准确和具体,富有条理性,以便为下文进行分析和提出建议提供坚实而充分的依据。

（2）分析预测

调研报告的分析预测，即在对调研所获基本情况进行分析的基础上对市场发展趋势做出预测，它将直接影响企业或有关部门领导的决策行为，因而必须着力写好。要采用议论的手法，对调研所获得的资料进行分析，并进行科学的研究和推断，进而据此形成符合事物发展变化规律的结论性意见。

（3）营销建议

这是报告的写作目的和宗旨的体现，要在调研情况和分析预测的基础上，提出具体的建议和措施供决策者参考。要注意建议的针对性和可行性，以便能够切实解决问题。

6．附件

附件是指调研报告正文无法包含或没有提及，但与正文有关且必须附加说明的部分。它是对正文报告的补充或更详尽的说明，包括数据汇总表、原始资料背景材料和必要的工作技术报告。例如，为调研选定样本的有关细节资料及调研期间所使用的文件副本等。

任务实施

1．撰写网络市场调研报告的主要步骤

（1）拟订调研报告大纲

撰写网络市场调研报告前，首先要拟订调研报告大纲，包括报告的主要论点、论据、结论及报告的层次结构。请领导对拟订的大纲进行审定或者讨论，修改通过后再进行初稿的撰写。

（2）撰写网络市场调研报告初稿

根据报告大纲由一人或多人分工进行初稿的撰写，参与的人数不宜过多。报告要努力做到准确、集中、深刻、新颖。准确，是指根据调研的目的，要如实反映客观事物的本质及其规律性，结论正确；集中，是指主题突出；深刻，是指报告能较深入地揭示事物的本质；新颖，是指报告要有新意。

（3）讨论修改报告

在完成网络市场调研报告初稿的基础上组织讨论和修改，再次审查报告是否符合调研要求、分析方法是否得当、数据是否准确、结构是否合理、结论是否正确。要注意调研报告的写作格式、文字数量、图表和数据是否协调、各部分内容和主题是否连贯、顺序安排是否得当，然后根据意见进行修改。重要报告要反复进行修改，最后通过审查得到批准后，再正式提交或发布。

（4）正式提交或发布网络市场调研报告

2．撰写网络市场调研报告应注意的问题

调研报告的撰写是整个调研活动的最后一个环节。调研报告不是数据和资料的简单堆砌，调研人员不能把大量的数字和复杂的统计工作留给管理人员，因为这样就失去了调研的意义。正确的做法是把市场调研的主要调研结果总结出来，并以调研报告的写作形式表现出来。

① 调研报告应该用清楚的、符合语法结构的语言表达。

② 调研报告中的图表应该有标题,对计量单位应清楚地加以说明。如果采用了已公布的资料,应注明资料来源。

③ 正确运用图表,对于过长的表格,可在调研报告中给出它的简表,详细的数据则可列在附件中。

④ 调研报告应该在一个有逻辑的框架中陈述调研结果。尽管特定的调研有特定的标题,但在调研报告中应对特定标题给出一些具体的建议。若涉及宣传方面的问题,调研报告的内容和形式都应满足其要求。

⑤ 调研报告的印刷和装订应符合规范。

技能训练

【技能训练1】设计网络市场调研问卷

1. 实训目的

掌握网络调研的一般方法,主要包括在线调研问卷设计和后台发布管理、调研数据分析等,重点掌握调研问卷问题及其选项设计的一般原则,深入理解"预期结果导向法"调研问卷设计的基本思想。

2. 实训内容和步骤

(1)选择并确定在线调研主题。

(2)设计在线调研问卷。

(3)通过后台发布调研问卷。

(4)分析调研结果并完成调研报告。

3. 撰写实训报告

实训报告以书面形式提交,字数2000字左右。

【技能训练2】在线调研问卷的发布

1. 实训目的

掌握在线调研问卷的发布方法。

2. 实训要求

掌握在线调研问卷发布的途径和方式。

3. 实训内容

(1)利用搜索引擎搜索网上现有的在线调研网站,然后选择其中的一个网站,就自己关心的问题制作一份网上调研问卷,过一段时间再看有没有浏览者填写该问卷。

（2）在某企业或个人网站上设计制作完成一份在线调研问卷，发布后观察反馈情况。

（3）找一个知名的新闻组或BBS网站，进入某个讨论组，将自己早已准备好的调研问卷在该组中发布，看有何反响。

（4）比较以上三种场合发布在线调研问卷的利弊并做出评价，写一份评价报告。

4. 撰写实训报告

实训报告以书面形式提交，字数2000字左右。

实训项目 8

网络营销推广

任务一 网络广告的发布

任务引入

李明是一家企业广告部的工作人员,企业领导要他通过网络广告宣传该企业的产品。李明怎样才能完成领导交给他的任务呢?下面我们帮助李明完成这个任务。

任务分析

网络广告具有得天独厚的优势,是实施现代营销媒体战略的重要组成部分。互联网是一个全新的广告媒体,其特点是传播速度快、投放效果好,是中小型企业扩展壮大的很好途径,对于广泛开展国际业务的企业更是如此。广告主通过互联网发布广告,他们可以根据自身的需求,从中选择一种或几种广告形式。

相关知识

1. 网络广告的概念

网络广告是指在网络上做的广告,主要是通过利用网站上的广告横幅、文本链接、多媒体等方法,在互联网上刊登或发布广告,通过网络将产品信息传递到互联网用户的一种高科技广告运作方式。与传统的四大传播媒体(报纸、杂志、电视、广播)广告及近年来颇受人们青睐的户外广告相比,网络广告具有得天独厚的优势,是实施现代营销媒体战略的重要组成部分。

2. 网络广告的形式

网络广告的形式有很多种，企业可以根据自身的需求来选择用哪一种或哪几种网络广告，以达到宣传其产品的目的。

（1）网幅广告（包含 Banner、Button、通栏、竖边、巨幅等）

网幅广告是以 GIF、JPG、Flash 等格式建立的图像文件，定位在网页中用来表现广告内容，同时还可使用 Java 等语言使其产生交互性，用 Shockwave 等插件工具增强其表现力的网络广告形式。我们可以把网幅广告分为三类：静态、动态和交互式（见图 8-1）。

图 8-1 网幅广告

（2）文本链接广告

文本链接广告是以一行文字作为一个广告，单击文字即可进入相应的广告页面。这是一种对浏览者干扰最少，但较有效果的网络广告形式。有时候，最简单的广告形式却会得到很好的效果（见图 8-2）。

图 8-2 文本链接广告

（3）电子邮件广告

电子邮件广告具有针对性强、费用低廉的特点，且广告内容不受限制。它可以针对具体某个人发送特定的广告，但首先需要收集接收者的电子邮件地址。在收集了一定量的电子邮件地址后，按照推广内容有针对性地建立邮件列表，有规律地发送相关新闻、产品信息等，以加深受众对被推广对象的印象，扩大被推广对象的影响力（见图 8-3）。

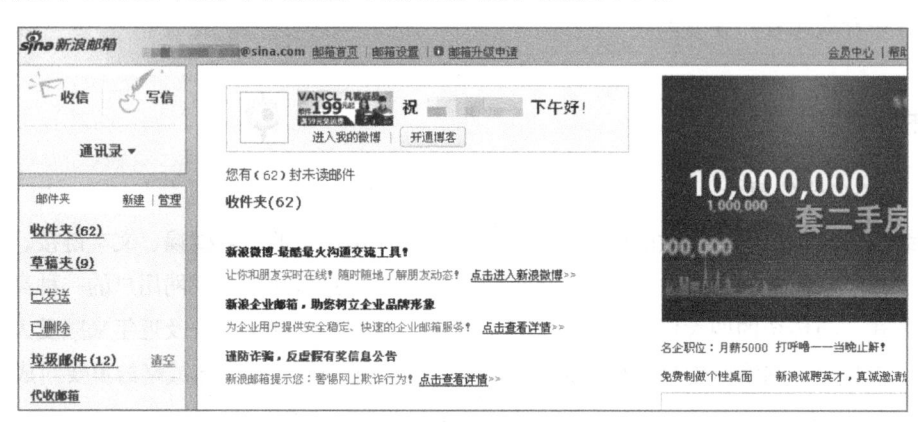

图 8-3 电子邮件广告

（4）按钮广告

按钮广告也称为图标广告，其脱胎于旗帜式广告，尺寸小于旗帜式广告。每个按钮的表现内容比较灵活（见图8-4）。

图8-4 按钮广告

（5）赞助式广告

赞助式广告有三种形式：内容赞助、节目赞助和节日赞助。广告主可对自己感兴趣的网站内容或节目进行赞助，或在特别时期（如世界杯）赞助网站的推广活动（见图8-5）。

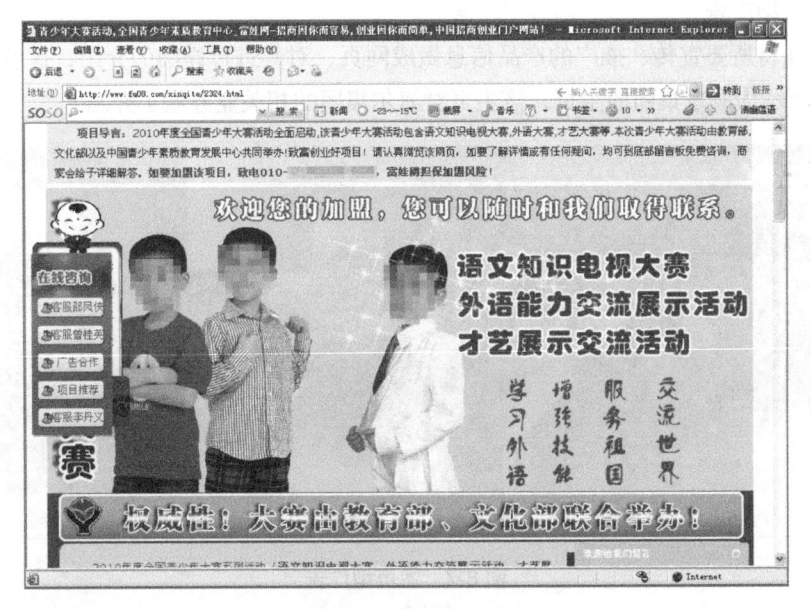

图8-5 赞助式广告

（6）与内容相结合的广告

广告与内容相结合也可以说是赞助式广告的一种，从表面上看起来它们更像网页上的内容而并非广告。在传统的传播媒体上，这类广告都会有明显的标识，指明这是广告，而在网页上通常没有明显的界限。

（7）插播式广告或弹出式广告

访客在请求登录某网页时被强制插入一个广告页面或该网页自动弹出广告窗口。它们类似于电视广告，通常都是打断节目的正常播放，强迫观众观看。插播式广告或弹出式广告有各种尺寸，有全屏的也有小窗口的，而且互动的程度也不同，从静态的到动态的都有。虽然访客可以通过关闭窗口（电视广告是无法做到的）不看广告，但是这些广告的出现没有任何征兆，所以肯定会被访客看到（见图8-6）。

图8-6　插播式广告

（8）主页型广告

许多企业将所要宣传、推广的产品信息做成网页，对其进行详细的介绍，这就是主页型广告。图8-7所示为海尔集团的主页，该主页对海尔集团的相关业务做了介绍。

图8-7　主页型广告

（9）关键字广告

关键字广告是指每则广告都会提供一些关键字，当访客使用搜索引擎搜索这些关键字的时候，相关的广告就会显示在某些网站的页面上，其优点是快捷、灵活，能迅速地给访客提供大量的相关信息。

关键字广告是一种文字链接型网络广告，通过对文字进行超级链接，让感兴趣的访客单击链接进入该公司的网站、打开网页或打开与该公司相关的其他网页，以实现广告宣传的目的。链接的关键字既可以是字词，也可以是语句。

网络广告的形式除上面介绍的这些之外，还有浮动形广告、屏保广告等多种形式。

任务实施

1. 网络广告的发布途径

网络广告的发布途径有很多种,企业应根据自身的需求,从中选择一种或几种发布网络广告的方式,以达到理想的效果。

(1) 利用企业的网站发布广告

利用企业自己的网站发布广告是最常用的发布网络广告的方式。对于大多数企业来说,这是一种趋势(见图8-8)。

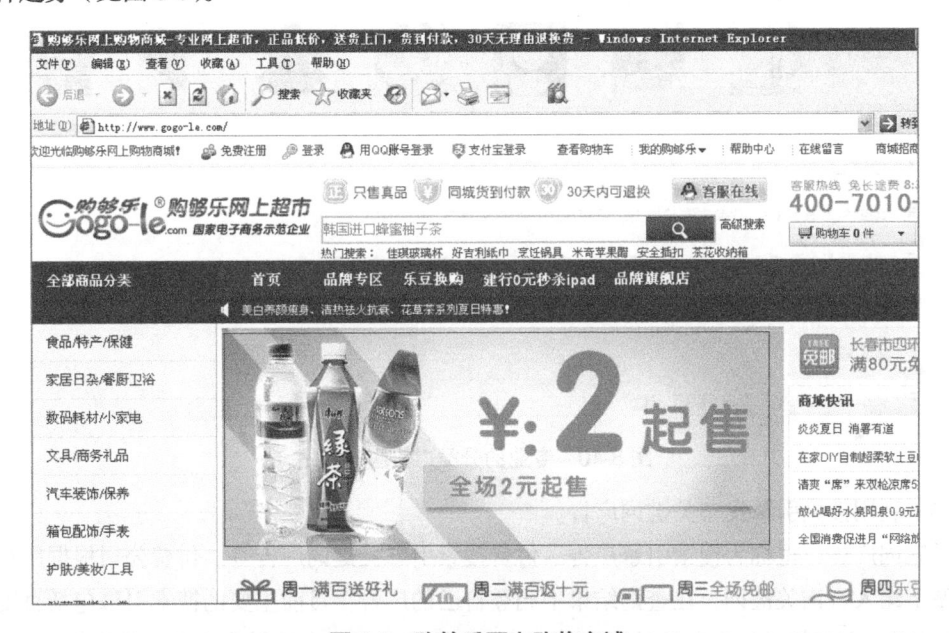

图 8-8　购够乐网上购物商城

(2) 利用某些知名的网站发布广告

利用某些知名的网站发布广告是很多企业目前常用的网络广告发布方式之一。互联网上的网站成千上万,为了达到尽可能好的效果,企业应当选择合适的网站投放自己的广告,下面两条可作为选择合适的网站来投放广告的基本原则。

① 选择访问率高的网站。互联网上有许多访问量较大的网站,它们一般都是搜索引擎或较有影响力的网络内容服务商(Internet Content Provider,ICP),如新浪网站(见图8-9)。

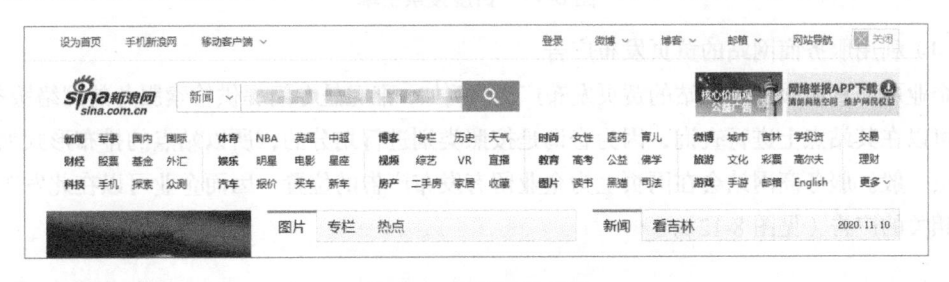

图 8-9　新浪网站首页

② 选择有明确受众定位的网站。互联网上有许多专业性的网站,其特点是访问人数少、覆盖面窄,但访问这些网站的访客可能正是广告的有效受众群体(见图8-10)。

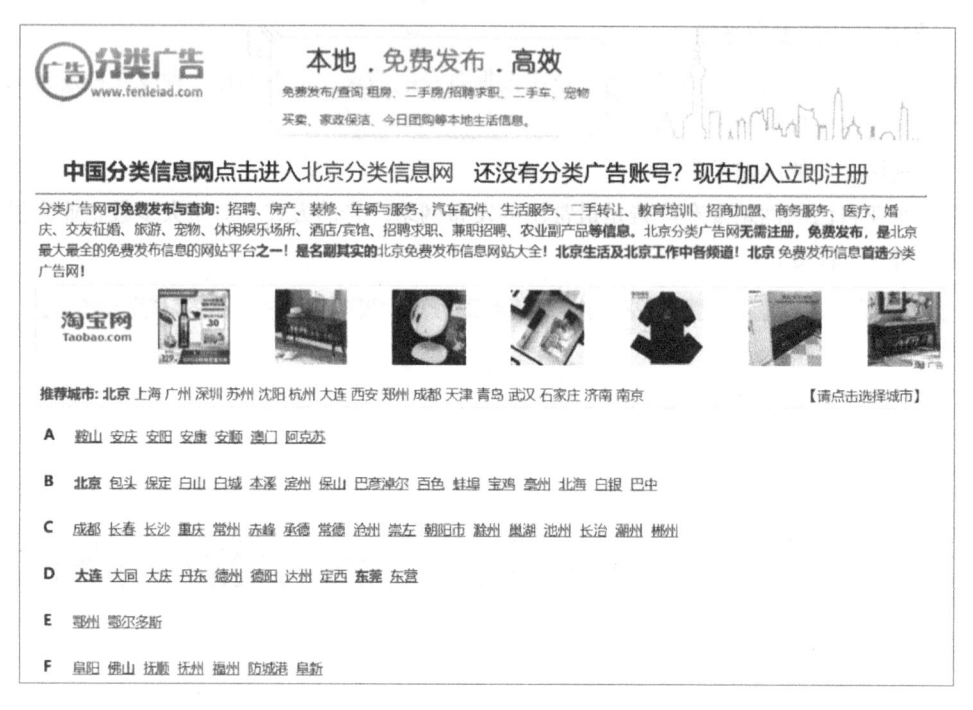

图8-10 专业的分类广告服务网站

(3)利用搜索引擎发布关键词广告

关键词广告,也称为搜索引擎广告、付费搜索引擎关键词广告等。付费公司根据用户在搜索引擎上输入查询关键词,在查询结果中刊登自己的广告。目前主要的搜索引擎包括百度、谷歌、雅虎等,它们都对外出售关键词,关键词广告是较有影响力的付费搜索引擎的营销方法(见图8-11)。

图8-11 百度搜索引擎

(4)利用服务商网站的黄页发布广告

企业可以利用服务商网站的黄页发布广告。例如,雅虎是专门提供检索服务的网络服务商,访客可以在其站点上进行查询,因为查询是按照类别进行划分的,所以站点的排布形式如同电话黄页一般。服务商网站会在网页上为企业留有发布广告的位置,因而企业可以在此发布与本企业相关的广告(见图8-12)。

图 8-12　中国化工网首页

（5）利用加入企业名录链接自己的广告

一些政府机构或行业协会网站会将一些企业的信息收集进其网站主页中。如由国家发展和改革委员会主管、中国信息协会担任指导单位的中国工商贸易网站主页中就有"企业网站特别推荐"栏目，栏目以滚动名录的方式展示企业的名称，单击某企业名称后可以直接跳转到该企业的网站主页上（见图 8-13）。

图 8-13　中国工商贸易网首页

(6) 利用新闻组发布广告

新闻组与电子公告栏相似，有明确主题范围的讨论组是一个很好的讨论交流和分享信息的平台。新闻组严格按内容分类，企业可以采用在相应类别的新闻组内发起关于产品讨论话题的方式进行广告宣传。这种广告方式形式隐蔽，不易引起访客的反感，有可能让企业从中受益。

(7) 利用虚拟社区发布广告

任何用户只要遵守网络礼仪都可以成为网上虚拟社区的成员，并可以在上面发表自己的观点和见解。因此，相关用户可以在虚拟社区发表与企业产品相关的评论和建议，以起到良好的免费宣传作用。但要注意的是，应该严格遵守相关的网络礼仪。

(8) 利用电子邮件或邮件列表发布广告

企业可以像传统营销中邮寄广告一样，以电子邮件的方式向网上用户发送产品或服务的信息。邮件列表是在向用户提供有价值信息的同时附带一定的产品或服务的信息。两者虽然在操作策略上略有不同，但是没有本质的区别。在利用电子邮件发送广告时应注意以下两点：要事先得到用户的许可，如利用注册会员的方式；在发送电子邮件广告时应明确发件人的地址，允许用户拒绝接收此类邮件（见图 8-14）。

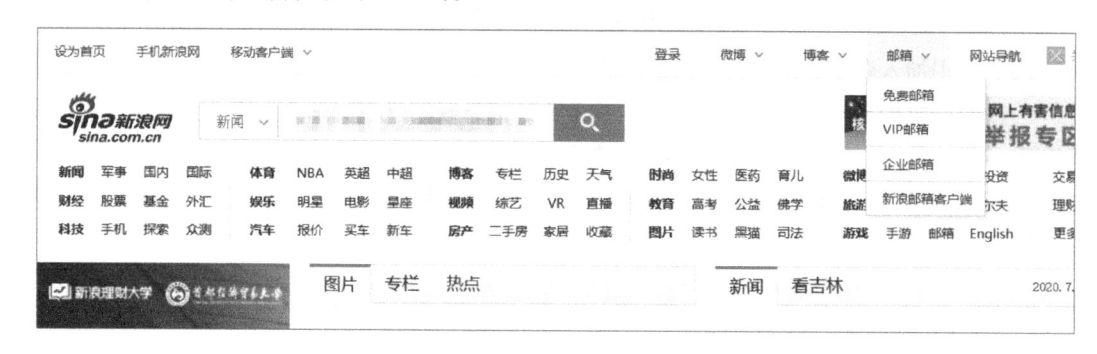

图 8-14　利用电子邮件向用户发送广告

企业通过互联网发布广告的途径还有赞助式广告、电子杂志、电子公告板等，随着网络技术的不断发展，会有更多新颖的广告方式供企业选择。企业应根据企业文化、运营策略和广告需求，选择合适的广告发布方式。

任务二　搜索引擎营销

任务引入

李明想利用搜索引擎实现企业营销的目标，那么搜索引擎营销是如何实现的呢？下面我们帮助李明完成这个任务。

任务分析

搜索引擎是网站建设中针对用户使用网站的便利性所提供的必要功能，同时也是研究网站用户行为的一个有效工具。高效的站内检索可以让用户快速、准确地找到目标信息,从而有效地促进产品或服务的销售。通过对网站访客搜索行为的深度分析,有助于企业进一步制定更为有效的网络营销策略。

相关知识

搜索引擎营销就是根据用户使用搜索引擎的方式,利用用户检索信息的机会尽可能地将营销信息传递给目标用户。

搜索引擎营销实现的基本过程是:企业将信息发布在网站上成为以网页形式存在的信息源;搜索引擎将网站/网页信息收录到索引数据库;用户利用关键词进行检索;检索结果中罗列相关的索引信息及其链接 URL;根据用户对检索结果的判断选择有兴趣的信息并单击 URL 进入信息源所在网页。这样便完成了企业从发布信息到用户获取信息的整个过程,这个过程也说明了搜索引擎营销的工作原理。

实现搜索引擎营销的主要方法包括竞价排名(如百度竞价)、搜索引擎登录、付费搜索引擎广告、关键词广告、TMTW 来电付费广告、搜索引擎优化(搜索引擎自然排名)、地址栏搜索、网站链接等。

企业利用搜索引擎营销可以实现四个层次的营销目标:收录层即被搜索引擎收录;排名层即在搜索结果中排名靠前;点击层即增加用户的单击(点进)率;转化层即将访客转化为顾客。

任务实施

利用搜索引擎进行网络营销

搜索引擎推广的形式很多,并且更新速度快,但推广方式的核心是相对恒定的。

(1)在主要搜索引擎上进行登录

这种形式的主要操作方法是:在主要搜索引擎上找到网站登录的链接,将网站或相关网页信息进行提交,搜索机器人(Robot)将自动索引所提交的网页。这些主要的搜索引擎向其他搜索引擎和门户网站提供搜索内容。通常来说,若针对的是海外推广,应主要使用谷歌(见图 8-15)、雅虎,或是与其他国家本土相关的搜索引擎;若针对的是国内推广,则应主要使用百度(见图 8-16)。

(2)提高在搜索引擎中的排名

这种形式是搜索引擎推广中最重要的策略,也是搜索引擎优化的结果,提高被推广对象在主要搜索引擎中排名领先的方法如下。

图 8-15 谷歌网站收录页面

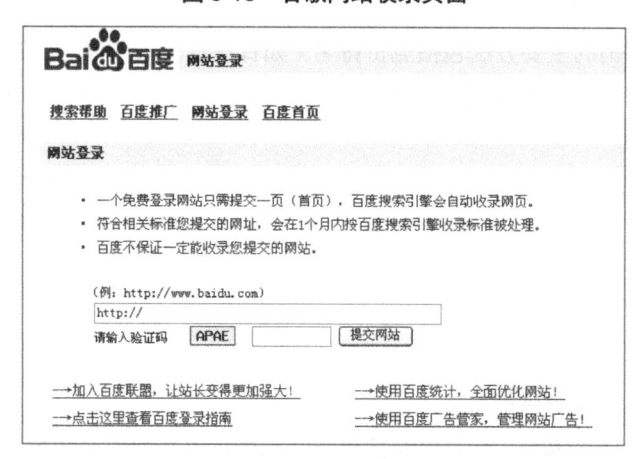

图 8-16 百度网站收录页面

① 利用关键词。对关键词进行优化，可以利用热门关键词，但是要掌握好被推广网页的关键词密度（一个页面中，关键词占该页面总文字个数的比例），通常关键词密度为 1%～7%最合适。网页与热门关键词关联的方法有：利用添加网页标题（Title）、添加描述性 META 标签、在网页粗体文字中添加关键词、在正文第一段添加关键词、为重要关键词制作专门的页面等，提高被推广对象在搜索引擎中的排名。

② 优化域名。这包括对域名的选择和命名。如为域名选择单独的入口地址，尽量在域名中加入易搜索的关键词。

③ 为网站（推广对象）创建好的内容。有了好的内容，才有可持续发展的基础。另外，搜索引擎的关键技术是文本处理，所以应尽量创建文本格式的内容。

④ 使网站（推广对象）方便阅读。对网页设计的优化，这里的方便阅读并非指受众对网页的感观阅读，而是指搜索引擎对网页的阅读。如每个页面的标题应该是唯一的，并且确保能够正确地描述所指定网页的内容；在制作网页的过程中，使用动态的 Flash 或其他 Javascript 脚本

都有可能发生错误,所以应尽量保持网页的简洁性,使每个页面都能够做到稳定、快速地被读取。

⑤ 对网站(推广对象)进行宣传。这包括对链接策略的优化,可使用与其他网站交换链接、在搜索引擎上做广告等许多宣传方式去推广网站,使网站的排名在搜索引擎中逐渐提高。

(3)收费排名(竞价排名)

随着搜索引擎推广策略的发展,主要搜索引擎采用收费排名和提交网站网址的方法获得迅速的发展。收费排名,是指通过选定并购买搜索引擎网站关键词,并以其价位来确定网站在搜索某关键词时搜索结果在页面上的推广位置。这里以百度为例(其他搜索引擎类似),对搜索引擎推广进行了详细的介绍,具体步骤如下。

① 注册百度推广账号。第一步:登录网址 https://e.baidu.com,进入百度推广账号的首页,如图 8-17 所示。

图 8-17 百度推广账号的首页

第二步:单击网页右上角的"免费注册"按钮,弹出如图 8-18 所示的注册页面。

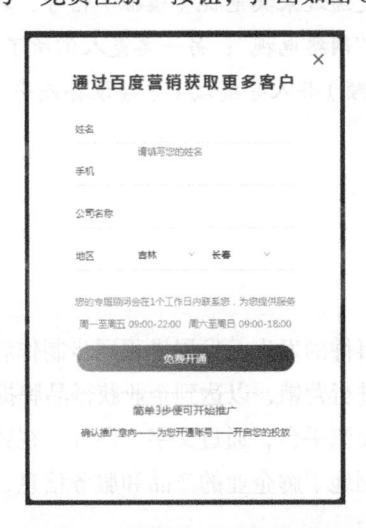

图 8-18 百度推广账号的注册页面

第三步：输入"姓名""手机""公司名称""地区"等信息后，单击"免费开通"按钮。

第四步：完善账户内信息，注册成功。

在这里需要注意的是百度推广客户端只能通过百度推广账户登录，普通百度账户和其他账户无法登录。

② 选择合适的关键词。选择合适的关键词，可以利用工具栏目中关键词推荐工具帮助选择，也可以在给出的推荐结果中选择合适的关键词。

③ 撰写推广信息。

④ 设定单击价格，确认后即可进行推广。

⑤ 利用百度提供的其他服务进行推广。除竞价排名外，百度在对搜索结果进行排名时，会把自己的产品排在前面，如百度知道、百度贴吧、百度空间等。

⑥ 测试推广效果。经过搜索引擎推广和搜索引擎主动收录，我们可以测试某个搜索引擎对网站的收录情况。网站被收录的页数是推广效果的一个指标。

任务三 网络直播营销

任务引入

小李是一家电商企业市场部的经理，为了提高商品销售额，他准备利用现在比较流行的网络直播的方式进行网络直播营销。如果你是小李，你该如何开展工作呢？

任务分析

网络直播大致分为两类：一类是在网上提供电视信号进行观看，例如各类体育比赛和文艺活动的直播，这类直播的原理是通过采集电视（模拟）信号，转换为数字信号输入电脑，实时上传至网站供人观看，相当于"网络电视"；另一类是人们所了解的"网络直播"，在现场架设独立的信号采集设备（音频+视频）导入导播端（导播设备或平台），再通过网络上传至服务器，发布至网络供人观看。

相关知识

1. 网络直播营销的定义

网络直播是指在现场随着事件的发生、发展进程同步制作和播出节目的播出方式。网络直播营销以网络直播平台为载体进行营销，以达到企业获得品牌提升或销量增长的目的。BBS 营销就是企业利用论坛这种网络交流平台，通过文字、图片、视频等方式发布企业的产品和服务信息，从而让目标客户更加深刻地了解企业的产品和服务信息，最终达到宣传企业的品牌、加深市场认知度的网络营销的行为。

2. 网络直播的发展历程

直播电商平台持续加码，电商企业跑步入局，直播带货产业规模可期。

（1）红利期

2016 年是移动直播的风口，以游戏直播、秀场直播为主，淘宝、蘑菇街、京东等电商平台率先探索"电商+直播"模式。

（2）蓄能期

2017—2018 年，淘宝、蘑菇街等传统电商平台着手孵化直播红人体系、供应链整合等；快手、抖音、美拍等短视频平台试水直播电商；服务于电商直播的网络直播服务商（MCN）快速成长。在此阶段，直播电商平台逐步向精细化运营发展。

（3）爆发期

2019 年，直播带货成交额暴增，淘宝直播领跑；引入明星主播、发展村播等辐射增量人群；各个平台加码红人培养，流量扶持；拼多多、小红书、知乎等平台相继上线直播功能；MCN 机构不断深化商业变现模式探索。

（4）持续发展期

2019 年以后，直播电商方兴未艾，巨头领跑；淘宝直播未来三年将带动 5000 亿元规模的成交量；腾讯加入直播大军。未来直播电商规模将继续保持高增长势态，有望拓宽品类；行业向平台化、产业化发展。

3. 网络直播营销常见类型

网络直播营销的类型大致有四种：专场包场、整合拼场、佣金+坑位费、纯佣金，其中前两种从合作的方式进行区分，后两种从收益分配的方式进行区分，如图 8-19 所示。

图 8-19 网络直播营销常见类型

4. 网络直播产业从集中化向多元化演进

（1）网络直播——平台

平台流量中心化程度决定了网红直播带货的中心化程度，直播平台通过初期打造标杆，后续会复制更多行业和机构，平台流量分配会更加分散。

（2）网络直播——主播

2019年主播流量呈现集中化，"头部"主播稀缺性凸显，"头部"孵化之路不易。随着"全民"入网，"超头部"或可出现变局，大量"中腰部"崛起。

（3）网络直播——品牌

由于疫情影响，预计更多企业会进行转型，更多品牌会通过网络直播获益。

5. 网络直播营销的流程

（1）精确的市场调研

直播营销的前提是我们要深刻地了解用户需要什么，我们能够提供什么，同时还要避免同质化的竞争。因此，只有精确地做好市场调研，才能做出真正令大众喜爱的营销方案。

（2）项目自身优缺点分析

精确分析项目自身的优缺点。大多数公司和企业并没有充足的资金和人脉储备，这时就需要充分地发挥自身的优点来弥补。一个好的项目仅靠人脉、财力的堆积是无法达到预期效果的，只有充分发挥自身的优点，才能取得意想不到的效果。

（3）直播平台的选择

直播平台种类多样，根据属性可以划分为不同的领域。淘宝直播平台有完善的内容体系、留存用户流量，是最大的直播带货平台，"手淘流量+高转化率"是其独有的优势。微博直播平台采用"微博橱窗+直播+活动"的形式，是电商裂变营销的最大舆论场。微博与淘宝打通电商直播，双平台分发，提供全方位的电商服务。快手直播与主流电商平台开放合作，形成流量变现闭环。抖音直播以"内容+种草"为核心，聚焦年轻人潮流个性的生活态度，以短视频、直播带货为主，导流由淘宝等平台对接。此外，还有京东、小红书等直播平台。

（4）良好的直播方案设计

做完上述工作后，直播营销成功的关键就在于最后呈现给受众的方案。在整个方案设计中需要销售策划及广告策划的共同参与，让产品在营销和视觉效果方面恰到好处。在直播过程中，过分的营销往往会引起用户的反感，所以在设计直播方案时，如何把握视觉效果和营销方式，还需要销售策划与广告策划不断地商酌。

（5）后期的有效反馈

营销最终要落实在转化率上，实时的及后期的反馈要跟上，同时通过数据反馈要不断地修改方案，不断提高直播营销方案的可实施性。

任务实施

1. 选择一个用户属性与自己属性匹配的直播平台

目前主要的直播平台有抖音、快手、淘宝、腾讯四大体系,它们各自属性不同,平台用户也不同。

2. 要有一个明确的定位

明确自己擅长什么,未来想做什么、成为什么,你想吸引的用户是什么样的,以后你想跟他们互动什么或卖什么种类的产品给他们。

3. 塑造自己的个人IP或品牌IP

通过各种渠道打造自己独特的IP,让更多人知道你是谁,你是做什么的,通过各种途径让他们关注你的直播账号,达到加粉的目的。

4. 打造自己独特的直播风格

以自己的定位,测试自己的直播风格,多次互动测试,感受用户的接受程度。直播带货主要围绕"吃(食品)、穿(服装)、美(化妆品)、用(日用百货)"四大品类,让大家给你贴上标签,了解你是做什么的。

5. 组建每天直播用的优质货源

主播们每天需要为很多产品进行直播,所以他们希望有一个专业的直播货源平台为他们提供货源,并且能够保证货源的品质。

任务四 微信营销

任务引入

手机是目前主要的通信工具,手机的普及推动了网络营销的发展,微信营销作为网络营销的重要方式之一,也正在被越来越多的企业所采用。那么企业为什么会青睐微信营销呢?

任务分析

微信营销是网络经济时代企业或个人营销的一种模式,是伴随着微信的火热而兴起的一种网络营销方式。微信不存在距离的限制,用户注册微信后,可与周围同样注册的"朋友"形成联系,订阅自己所需要的信息,商家通过提供用户需要的信息来推广自己的产品,从而实现点对点的营销。微信营销主要体现为以安卓系统、苹果系统的手机或平板电脑中的移动客户端进行的区域定位营销。商家通过微信公众平台,结合微信会员管理系统展示商家微官网、微会员、微推送、微支付和微活动,已经形成一种主流的线上、线下微信互动营销方式。

相关知识

1. 微信的认知

微信是目前国内应用较广泛的社交应用之一。自 2011 年 1 月由腾讯推出以来，因其强大的产品能力和良好的用户体验，迅速覆盖全国，目前移动端覆盖率超 94%，月活跃用户数超 10 亿人次。

微信不仅覆盖率高，用户使用时长也名列前茅。微信因其庞大的用户基数和超强的社交黏性，已成为企业重要的社交营销平台。公众号、微信支付、小程序等微信产品成为企业重要的营销工具，微信官方也在促进微信内部生态的发展。因此，了解微信并掌握微信运营技巧，是新媒体运营人员的必备技能。

微信作为目前覆盖率较高的移动应用，其功能还在不断演化和拓展中。以下从微信核心功能角度入手介绍微信生态的核心内容。

（1）微信对话、微信群、朋友圈

社交功能是微信的核心和根基。微信通过对话、微信群及朋友圈建立了较封闭的社交环境，私密性较好，好友之间必须通过验证才能建立社交关系。这一点与微博截然不同，微博是开放式社交，无须关注即可查看对方的微博内容。

微信的熟人社交功能让其具有超强的社交黏性。通过合理的产品设计，微信能够方便地进行文字、语音、视频对话；微信群的 200 人自动进群和 500 人上限功能，让群聊能保持较长周期的生命力；朋友圈较私密的评论和点赞机制，使其能保持较高的活跃度。微信的社交功能因其较克制的产品理念，减轻了用户社交的压力，因此微信成为目前重要的社交工具。

（2）公众号

公众号通常是指订阅号和服务号，是微信为个人创作者、企业和机构提供的内容创作和服务平台。企业可以通过公众号发布内容、提供服务，从而吸引关注者，实现用户转化。

公众号目前已经成为重要的自媒体平台、企业服务平台、媒体平台及政务平台。自媒体作者可以通过公众号进行内容创作，积累关注者和流量，并把流量转化为收入；企业通过公众号进行品牌宣传、用户管理和产品销售等，可以完成企业营销的全流程；媒体可以通过公众号发布新闻资讯，触达更多互联网用户；政府机构利用公众号，能够给群众提供更便捷的公共服务。

（3）企业微信

企业微信是微信为企业提供的专业办公管理工具。企业微信能与个人微信打通，让企业实现高效办公和管理。企业微信预设打卡、审批等 OA 应用，并提供丰富的第三方应用供企业选择，还支持 API 接入自有应用、微信聊天记录转发、通讯录管理、视频会议、企业支付等功能。

（4）微信支付

微信支付作为微信的基础设施建设，是微信生态圈的重要一环。微信支付通过红包功能迅速普及，培养了互联网用户线上支付的习惯，并打通了用户的线上金融体系。微信支付的普及，为微信生态圈的建设提供了关键保障，让微信成了中国移动支付市场的核心参与者。

（5）小程序

小程序是微信内的轻应用，可以理解为微信内不用下载的 App。因其具有无须安装、触手可及、用完即走的特点，再加上其自带社交属性，在微信生态圈内发展迅速。

小程序在高频次消费和连接线上线下的场景中有强烈的使用需求，在使用过程中较易产生曝光、流量和消费。目前，小程序在游戏、电商、餐饮、教育等领域应用广泛。

（6）看一看

看一看是微信近两年着力推广的新的流量入口。在之前的版本中，看一看的内容只是大数据推荐的资讯信息流，但资讯内容参差不齐，对用户的吸引力有限。微信 7.0 对看一看功能进行了升级，展示信息默认为好友在公众号里点"在看"的文章，而原来的信息流内容则展示在精选里。

（7）微信短视频

随着抖音、快手等短视频应用的风靡，微信 7.0 也新增了短视频功能，用户可以在个人主页通过下拉的方式拍摄短视频，并可以对视频添加音乐、字幕等。以此方式发布的短视频在微信群、朋友圈等处会有提醒，好友查看后可以点赞。

微信朋友圈原来可以发布 10 秒钟的小视频，但因其视频不可编辑，所以视频质量整体较低。微信短视频功能的推出，是对朋友圈小视频的补充，同时也是跟随火热的短视频大势，以更符合用户需求的可编辑视频形式，助力微信社交内容的多样化。

以上 7 项内容是微信已经发展成熟或正在不断完善的功能，代表了微信建立的不同方向的生态圈。从整体来说，微信已成为超级 App，包含了社交、资讯、购物、游戏、服务、支付等方方面面，微信以其强大的产品功能，成了我们日常生活中不可或缺的一部分。

2．微信的具体营销模式

企业开展微信营销主要通过微信公众号来实现，包括微信公众号基础操作、微信公众号规划策略、微信公众号运营及微信公众号数据分析。

企业在选择服务号和订阅号时需要考虑企业的商业模式及客户数量。如果企业需要公众号具有较强的专业性或者需要实现在线销售，如房地产、金融证券或连锁餐饮企业，需要处理很多咨询服务和订单，可以选择服务号。如果需要通过信息资讯传播企业的文化、特色和理念，引导客户阅读，则可以选择订阅号。

微信公众号文章的底部经常会有一个广告位，主要为公众号、应用、活动等进行推广，广告功能是通过微信公众号的推广功能实现的，包括广告主和流量主两种形式。广告主即投放广告的一方，微信认证过的公众号可申请开通投放服务。流量主即可进行广告展示的公众账号运营者，其可以将公众号内指定位置分享给广告主进行广告展示，按月获得收入。

任务实施

我们以企业微信公众账号的申请和微信小程序营销为例,学习微信营销的方法。

1. 企业微信公众账号的申请

(1)准备所需资料

① 邮箱(作为登录账号):请填写未在微信公众平台注册、未在微信开放平台注册、未被个人微信号绑定的邮箱。

② 营业执照(上传图片)。

③ 对公账户或经营者账户——账户名、账号、开户银行。

④ 公章。

⑤ 身份证照片。

⑥ 公众号名称。

⑦ 座机号码/管理员手机号码。

(2)选择服务号

① 登录微信公众平台网址 https://mp.weixin.qq.com,单击"立即注册"按钮,如图 8-20 所示。

图 8-20 微信公众平台登录页面

注:图中"帐号"应为"账号",下同

② 选择服务号,如图 8-21 所示。

图 8-21 服务号选择页面

(3)邮箱验证

填写电子邮箱地址并单击"激活邮箱"按钮后,登录邮箱查看激活邮件,填写邮箱验证码,如图 8-22 所示。

图 8-22 填写信息页面

(4) 公众账号类型选择

了解订阅号、服务号和企业微信的区别后，选择合适的账号类型，如图 8-23 所示。

图 8-23　微信公众账号类型选择页面

(5) 信息登记

企业申请微信公众账号需选择主体类型——企业，如图 8-24 所示。选择企业之后，填写企业名称、营业执照注册号，选择验证方式，如图 8-25 所示。验证通过之后，填写企业信息和管理员信息，全部填写选择完毕之后单击"注册"按钮，企业微信注册完毕，如图 8-26 所示。

图 8-24　企业类型选择页面

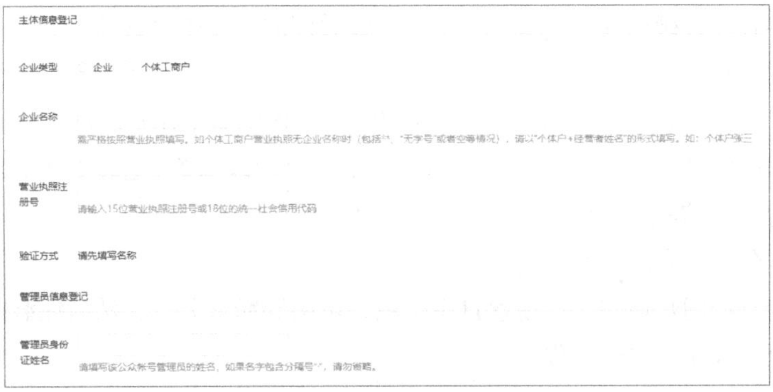

图 8-25 主体信息登记页面

图 8-26 注册企业微信页面

2. 微信小程序营销

（1）微信搜索入口抢排位

小程序的名称是唯一的，而且小程序的排名跟名称、描述、上线时间、用户访问量和小程序的综合质量有关。根据用户的搜索习惯和产品特性，尽可能多地注册小程序名称，让小程序的排名靠前，这样就有可能被用户搜索到。

我们要做的是优化小程序的描述关键词。微信搜索支持关键词模糊匹配，所以自定义关键词也会影响到小程序排名。在小程序后台"推广"模块，最多可配置 10 个关键词。设置关键词时，可一边借鉴百度关键词的投放技巧，一边结合微信的具体使用场景。

（2）附近的小程序

在附近的小程序中，小程序自动展现给周边 5km 内的微信用户，所有符合条件的小程序能在附近的小程序中被展示，且一个小程序能添加 10 个地理位置。也就是说，店铺做一个小程序，相当于获得 10 倍展示的机会。

（3）微信群分享，实现粉丝裂变

在原有的粉丝群同步通知，让粉丝自主扩散，可引导粉丝分享，然后凭截图领取小礼物，逐步将流量引至小程序，促成小程序营销。

（4）拼团

用小程序来承载拼团、秒杀、砍价等优惠活动，激发消费者低价消费的积极性，实现快速裂变。利用这种方法可在较短时间内积累庞大的精准用户，后期商家可借此进行精准营销。目前，电商类小程序 TOP 100 榜单中排名靠前的就是蘑菇街和拼多多。

（5）附近的小程序广告

附近的小程序是微信开放的关键流量入口，同时开放了广告投放渠道。点击微信中"发现"页，在"发现"页的最下方进入"小程序"选项，打开"附近的小程序"页面，我们就可以看到一些企业发布的广告了。

（6）公众号图文内嵌入广告

广告主可以在后台新建"文中广告"，将公众号文章与小程序进行关联。"文中广告"出现在文章中间，且广告内容与文章有关联，容易与粉丝互动，属于服务用户的广告形式，用户更易于接受。

（7）聊天小程序

把小程序任何一个页面分享到微信群，在微信群聊天信息页面可以查看 10 个被分享到微信群的小程序，这也是小程序打通微信群的一大妙招。

（8）小程序商店

通过付费或其他方式将小程序投放至小程序商店，可以起到一定的宣传、推广效果。

（9）地推

对于部分小程序而言，地推或许是贴近用户场景的推广方式之一，在线下以小程序码的方式，通过宣传资料等推广小程序。

（10）微信钱包入口页广告

这个广告位并非通用，只有和腾讯深度合作的企业才有机会入驻钱包九宫格。

（11）公众号资料页绑定相关小程序

当用户关注企业的公众号时，就能看到位于显眼位置的"相关小程序"，点击它即可直接跳转到小程序。

（12）公众号文章插入小程序名片

找一些符合产品调性的优质公众号，发文插入小程序广告链接或关联小程序。用户结合内容对产品或服务感兴趣的话，就能直接点击进入小程序，从而实现"内容—购买"的转化。

(13)公众号文章插入小程序名片

在公众号自定义菜单中插入小程序链接,引导粉丝访问。

(14)小程序与小程序之间的跳转

可以将每个产品线各做一个小程序,绑定在同一个公众号主体上,然后就可以实现小程序间的互相跳转。

(15)微信立减金

用户在小程序内购物后,会获得"微信立减金",用户将"立减金"分享给好友/微信群的同时,自己也完成了领取。好友或微信群成员在领取"立减金"后,也可通过快速入口完成新的交易,以此通过社交裂变,带来新的流量。

任务五　微店营销

任务引入

随着互联网的发展,微店已成为开展网络营销的一个平台。什么是微店营销?如何进行微店营销呢?下面我们来了解这部分内容。

任务分析

微店即通过云商店把世界上的销售店连接起来,包括实体店、网店、移动商店、社交商店等。消费者可以在云商店自由选择和订阅喜欢的商品,把自己喜欢的商品放到自己的私人货架上。同时可以建立自己的购物清单,如家庭清单、太太清单。负责该品牌商的店员可以与订阅自己商品的粉丝建立直接对话,还可以定期在货架上摆放个性化的商品,对消费者进行推荐,让消费者在很短的时间内完成一次购物。

相关知识

随着整个互联网经济的快速发展,以网络为传播平台的营销行业如雨后春笋般迅速壮大,其整体服务水平也呈现阶梯式的提高,并诞生了以网络技术为基础的精准营销模式。微店是基于手机平台开发的网店,作为移动端的新型产物,其具有很多优势,且具有很广阔的发展空间,是销售的一个重要渠道。

1. 微店的出现

过去的几十年时间里,我们经历了一次又一次购物体验的重新洗牌。先是百货商场的出现,紧接着是各种大小型超市、专卖店的出现,目前随着社会生活节奏的加快,电子商务也日趋发达,网络购物已经成为人们日常生活中必不可少的活动。

一些消费者平日里工作繁忙或因生活琐事缠身，抽不出时间去商场为自己选购衣服，或者因为相中的皮鞋没有适合自己的尺寸而失望而归等。这些信息往往不能被很好地关注，作为商家也无法一一满足。每个消费者都有自己的购物理念和个性风格，如何留住忠实消费者成为企业亟须解决的难题。

在这种情况下，微店于 2012 年 9 月创立，创始人为北京富基融通董事长颜艳春。

微店率先打破单一渠道，开创了移动商超购物这一全新模式。只需用手指轻轻一点，消费者就可以随时随地关注商品动态；商家也可以在第一时间与顾客进行贴心的沟通，了解他们的需求。

微店是一个有温度的个人店铺，产品家族包括微店及微店员。其中，微店是针对消费者的购物软件。消费者使用微店可以查看附近百货商场或超市最新上架的商品、商品促销信息、广告等，也可以申请绑定该商场或超市的电子会员卡，会员卡积分可以随时查看，十分便捷，不用担心会员卡遗失等问题。另外，微店还开设有优惠券功能，消费者可以及时收取各大商场、超市的优惠打折信息。购物闲暇之余，消费者还能根据个人喜好用微店自定义一个专属于自己的个性化私人商店。微店员则是针对零售商店员的后台软件，零售商店员使用它可以发布商品的优惠信息和促销信息，给自己的商品贴上经营标签，让消费者更加快速、便捷地发现商品和促销信息。零售商店员使用微店员端还能直接给消费者发送消息，能方便、准确地将促销信息发送至消费者手机上，实现一对一的精准营销。

有了微店，消费者就可以随时随地轻松选购自己喜欢的商品；有了微店，店员就可以第一时间通知消费者店里现在有了适合他/她的皮鞋；有了微店，老顾客就会发现自己的电子优惠券一栏里定期会有老会员独享优惠券；有了微店，逢年过节时，消费者就会惊喜地发现，自己常购物的那家商店早早地给他们准备好了节日礼品。微店的横空出世，预示着全渠道零售时代已经到来。

2. 微店的特点

① 微店是基于手机平台开发的网店，作为移动端的新型产物，微信用户通过手机号码注册即可开通自己的店铺，微店开通完全免费，降低了开店的门槛，简化了复杂手续。微店支持信用卡、储蓄卡、支付宝等多种付款方式，且无须开通网银，快捷又方便，是销售的一个重要渠道。微店上的商品信息可以直接转发到微信、QQ 上，让大家能够更直观地看到所销售的商品，让更多的人关注。微店强调的是粉丝经济，通过不断增加粉丝数量来扩大商品的销售规模。

② 微店管理简单易用，可以一键同步淘宝商品，随时随地地对商品进行分类、下架，还可以随意置顶商品，让用户快速浏览主推商品。

③ 用户可以直接在微店搜索栏搜索商品。为了让用户快速找到你的微店，你可以利用自动回复功能，这样用户就能快速收到答复，不会因为回复不及时而失去耐心。你还可以用自己独特的方式与用户进行有趣的互动，这样用户在聊天的时候就不会感觉枯燥乏味了。

④ 微店页面设置是自定义的，店主可以选择自己心仪的装饰来装扮微店，给用户留下深刻的印象。店主要以店铺设计来衬托商品，从而让用户聚焦在商品上，提高购买概率。

⑤ 利用微店的数据统计可以实时关注增减粉丝的数据，以及每天有多少点击率，从而可以推理分析大部分用户的喜好，帮助微店提高销量。

⑥ 微店能带来更多的流量，能让商品展示在最热门的互联网平台上，可以较快地进行网络推广、扩散传播，而且微店也能展示在微店官方公众号上，通过官方推荐用户可以直接进入店铺。

3. 微店的发展前景

如今的消费者不会只在一个渠道里面购物，他们是全渠道（Omni-channel）购物者。他们可能到网店（如天猫、淘宝、亚马逊等）购买商品，同时他们也会到实体店去购买商品。面对当下发展前景复杂的市场环境，以及应接不暇的新技术和新理念的冲击，传统销售商如何制定全渠道战略使其成功落地，并有效地创造新的消费价值，这是当下所有销售商关注的焦点问题。

微店的问世，以尽量低的代价使实体销售企业具备了全渠道的服务性能，它就像一部装载全渠道精准制导的武器，可以全天候地激发消费者无限量的消费潜能，满足他们随时随地的购物需求。

逛超市时优惠券、钱包都可以不带，甚至根本无须到超市，只需在手机上下载一个微店 App，随时随地就可以完成采购。这样愉悦的购物体验已被越来越多的消费者所青睐。在进入微店时，消费者只需扫一下微店的二维码，即可轻松下载微店 App，而通过微店 App 消费者可以享受随时随地购物的乐趣。相信这种新的购物方式很快会在越来越多的企业中得到推广。

在微店 App 上，消费者不仅可以浏览门店销售的各类商品，还可以在第一时间了解门店的促销信息，对于感兴趣但暂时不想购买的商品，消费者还可以将商品"收藏"起来，微店 App 系统也会根据消费者平时的购买习惯和喜好，自动推荐消费者感兴趣的商品及新品信息，让消费者随时随地能购买到心仪的商品。

微店还可以通过社交的力量把家人和朋友都连接起来，通过购物社交建立新的影响力，而不是销售商强行推荐给消费者。《连线》杂志统计显示，消费者 72%的购物决定受家人或朋友的影响。不管是在实体店还是在网店，如果有一个朋友给你推荐，那么购买决心有 50%；如果有两到三个朋友同时给你推荐，购买决心就有 80%。微店通过社交购物，真正了解消费者的需求。

作为连接消费者和销售商的社交购物平台，微店使人们的想法落地。未来，微店将成为全世界消费者的移动购物平台，它是有温度的、个性化的、有色彩的、有性格的私人商店，它将赋予传统企业更多互联网基因，帮助消费者找到自己喜欢的商品，帮助他们聚合感情、分享生活，使网上购物成为人们的一种生活方式。

任务实施

开展微店营销的操作步骤

① 打开手机后，找到"应用商店"，下载并安装"微店店长版"，微店 App 主页面如图 8-27 所示。

图 8-27　微店 App 主页面

② 点击"注册"按钮，出现如图 8-28 所示的页面。

图 8-28　微店注册页面

③ 填写注册信息后，点击"完成"按钮。进入"选择你的经营模式"页面，选择"线上自营"选项，如图 8-29 所示。点击"我选好了"按钮，微店注册完成。

图 8-29 微店选择经营模式页面

④ 登录注册成功的微店的主页面，即我们的后台管理页面，如图 8-30 所示。

图 8-30 微店管理主页

⑤ 接着选择进入"店铺管理"这个选项，在进入店铺管理页面后，选择页面上方的"店铺装修"选项，就可以装修店铺了，如图8-31所示。

图8-31 微店店铺管理页面

⑥ 最后，上传并添加商品，接下来就是在各个平台上分享商品，这样店铺中的商品才能被人们看到，才有机会销售出去。

任务六　社群营销

任务引入

李明已经通过微信群、QQ群等开展了家乡特产营销。但是一段时间后，李明发现他建立的社群活跃度下降了很多，而且很多人不再发言了。到底该如何运营社群呢？社群营销的技巧有哪些呢？

任务分析

社群营销就是基于相同或相似的兴趣爱好，通过某种载体聚焦人气，通过产品或服务满足群体需求而产生的商业形态。

相关知识

1. 认识社群营销

（1）社群的定义

社群就是一群志趣相同的人集合在一起，基于共同的目标一路同行。社群的作用是通过线上线下的高频互动把本来跟企业没有任何关系的用户转化成弱关系用户，把本来是弱关系的用户转化成强关系的用户。

社群的五大构成元素包括同好、结构、输出、运营和复制，简称 ISOOC。

同好（Interest）——决定了社群的成立（产品、行为、标签、空间、情感、三观）。

结构（Structure）——决定了社群的存活（优质成员、自愿加入、平等互动、规范管理）。

输出（Output）——决定了社群的价值（知识干货、咨询答疑、信息咨询、利益回报）。

运营（Operate）——决定了社群的寿命（组织感、仪式感、归属感、参与感）。

复制（Copy）——决定了社群的规模（自组织、核心群、亚文化）。

（2）社群营销

社群营销就是基于相同或相似的兴趣爱好，通过某种载体聚集人气，通过产品或服务满足群体需求而产生的商业形态。社群营销的载体不局限于微信等各种网络平台，甚至线下的平台和社区都可以做社群营销。

（3）常见社群的类型

① 产品型社群是互联网社会组织结构的新模式，它不同于传统的管理模式，是家庭、企业之外的另一种联系方式。产品型社群这条路径是互联网商业的新模式，目前已被验证是符合逻辑的一种路径。

② 兴趣型社群是源于大家有共同兴趣和爱好的一个群体，群体之间交流的话题涉及共同兴趣和爱好。例如，QQ 群建群时就是按兴趣分类的，这其实就是一种社群模式，把一群有共同兴趣的人聚在一起。

③ 品牌型社群是产品型社群的一种延伸，它以用户对产品的情感利益为联系纽带。用户基于对产品的特殊感情和认知，认为品牌能体现自身的体验价值和形象价值。用户认为这种品牌价值符合他们的人生观和价值观，从心理上得到契合，从而产生心理上的共鸣。

④ 知识型社群是兴趣型社群的一种延伸，社群成员乐于分享自己的经验、知识和成果。社群成员之间相互交流和学习，并从中得到相互的肯定和尊重，常见的就是知识付费社群。

⑤ 工具型社群具有应用性、场景性和灵活性，可以完全服务于用户特定的场景沟通需求。

⑥ 资源型社群是一种以资源置换共享为基础的社群模式，其目的和兴趣型社群相差不大，

成员之间不断地分享资源。

(4)社群营销的模式

社群营销模式为"IP+社群+场景+电商"。首先确定目标人群,根据目标人群确定产品的使用场景,其次根据场景链接 IP 圈层,然后由 IP 联合超级用户共同组建社群,影响更多潜在目标用户。社群营销的商业逻辑是 IP 用来抢占认知高地,解决流量问题;社群用来催化强关系,解决信任问题;场景用来强化体验,挖掘用户延伸需求;电商形成商业闭环,完成商业变现。社群营销的核心是企业与用户一体化的关系,关键是通过社群赋能个体,实现个体自我,最终用户与社群相互赋能,形成良性循环。

2. 社群营销的运营步骤

(1)确立社群愿景

社群运营者建立一个社群的时候,一定要想明白一件事情:这个社群建立起来是做什么的?因为要把大家聚集到一起做一件事情,一定是需要一个理由的,没有理由人不会来,就算人来了人心也不会齐。

确立社群愿景就是确立群内成员一起做事的理由。这个理由必须是所有群成员都知晓的,以保证社群的整体发展。

(2)设置社群门槛

建群的时候要设置初始的入群门槛。一个群在入群阶段设置的筛选门槛越高,这个群的流失率反而越低。如果不设任何门槛,当新成员不断加入群内时,单个成员的质量就无法保证了,最终将会导致"劣币驱赶良币"的现象出现,致使高质量的成员大量流失。而当社群发展到一定程度之后,可以视运营的节奏再进行二次的调整。

(3)制定社群规则

社群规则是指群成员的日常操行法则。群规的建立需要群策群力,运营初期可由群主建立规则,后期再根据运营的情况逐渐丰富,但是切忌群主"一言堂"。如果一个群的人数过多,要制定一定的发言规则,如工作时间群内不聊天,晚上和节假日可以畅所欲言等。

(4)组织社群活动

社群活动是群内活跃气氛的重要方式,也是群成员的权益所在,如果一个群内长期没有活动和交流,群内成员之间会变得陌生,没有归属感。常见的活动方式有内容分享会、红包接龙赛、签到打卡和征集有奖等。

(5)发放社群福利

在社群的运营过程中需要关注群成员的短期收益和长期收益,根据群目标和群成员入群动机,设定好群内各个时期的福利,和群成员一同成长。

任务实施

社群营销的六个步骤

（1）群成员用户画像分析

确定核心人群，找到群成员共性，才能确定营销产品、规划社群输出内容。要保证群成员有共性，也就是对产品有需要或者感兴趣，只有这样才能保证转化率。

（2）群成员结构设计

群成员共性保证需求一致，差异性则能够维持社群活跃度。群成员之间有共同的需求，就是这个社群经营的产品。而群成员之间存在的差异性可以保证社群的活跃度，通过打造有不同擅长点的"大佬"来引导群成员。

（3）拉群

社群需要通过基础流量和裂变流量把有相同的用户画像的人聚在一起。有些产品具有地域限制，比如鲜花团购送货上门就有一定的局限性，如果距离太远则不方便，这时候就要注意群成员所在的位置了。可以按市区划分群成员，把同一个地方的群成员拉到同一个群里。

（4）社群促活

打通用户触点，社群不活跃就表示用户不看群，用户不看群就不会有转化率，促活就是让群成员活跃起来。互动是社交的基本，有了互动就会增进认知，产生情感，形成认可、依赖。社群也是如此，互动是形成社群黏性的基本方法。

（5）社群造势

激发用户情绪，制造感性购买场景，为即将要做的社群促销做准备。例如，买车一般是理性消费，而买衣服往往需要情绪刺激。

（6）社群促销

长久运营会造成群成员的麻木，使用户关注度变低，走向死亡。社群营销是非常看重口碑的，产品和服务好、社群成员愉悦感强，那么通过传播易于扩散，形成巨大的社群能量。适当举办一些活动，可以提高用户的愉悦感。一个社群让群成员产生高度的愉悦感，才会长久生存，形成黏性、产生裂变，最终获得商业价值。

技能训练

1. 实训目的

（1）了解社群营销的概念。

（2）掌握社群营销的方法。

（3）了解社群营销的技巧。

2. 实训内容和步骤

（1）查看你加入的所有QQ群、微信群，你认为它们能给用户带来哪些价值？可以从下几个方面进行思考：

① 让更多的人更好地了解某件产品；

② 让某个区域的人能更好地交流互动；

③ 让具有共同价值观的人聚在一起探讨问题；

④ 聚集了某个行业的精英，影响更多的人；

⑤ 为一些人提供交流兴趣、爱好的机会。

（2）查看自己加入的社群，分析它们是否有明显的回报承载物？

（3）查看自己加入的社群，其命名是什么？你认为这个名字合适吗？为什么？

3. 撰写实训报告

实训报告以书面形式提交，字数：2000字左右。命名方式即"学号+姓名"，发送到老师的QQ邮箱。

实训项目 9

网络客户关系管理

任务一 运用电子邮件进行客户关系管理

任务引入

随着互联网的发展,网络营销已成为企业不可缺少的营销方式,在互联网上各企业之间的市场竞争尤其激烈。海尔网上商城在众多的网上商城中脱颖而出,创造了佳绩,那么海尔网上商城是如何建立和维护客户关系的呢?它又是如何留住老客户的呢?

任务分析

海尔网上商城注重网络客户关系的管理与服务,它一方面通过提供快速和周到的优质服务吸引和留住更多的客户,另一方面通过对业务流程的全面管理降低企业的成本。海尔网上商城充分利用客户关系管理系统收集、追踪和分析每位客户,充分了解他们的需求,并推荐给客户他们感兴趣的商品。同时海尔网上商城对客户的电子邮件进行及时收阅和答复,又通过在网上建立 FAQ 解答客户常见的问题。海尔网上商城时刻坚持以"客户为中心"的服务宗旨,通过客户关系管理来提高客户的满意度、改善客户关系,从而提高企业的竞争力。

相关知识

1. 客户关系管理的内涵

客户关系管理(Customer Relationship Management,CRM)是指企业为提高其核心竞争力,利用相应的信息技术以及互联网技术协调企业与客户在营销、销售和服务上的交互,从而提升其管理方式,向客户提供创新式的、个性化的客户交互和服务的过程。其最终目标是吸引新客户、留住老客户以及将已有客户转为忠实客户，增加市场份额。

客户关系管理的目的不仅要开发新客户，更要维系老客户，提高客户的满意度与忠诚度，提升客户的价值和企业的利润。它所蕴涵的资源和商机，将为企业提供一个崭新且广阔的利润提升空间。对于任何一个想从经营发展的泥泞中脱离出来或者想使自己的企业有更大发展的企业管理者来说，实施客户关系管理无疑是一项比较明智的选择。

（1）客户关系管理是一种理念

企业的核心思想是将企业的最终客户、分销商与合作伙伴作为企业最重要的资源，通过对客户提供完善、周到的服务和对客户进行深入、细致的分析来满足客户的需求。

（2）客户关系管理是一种旨在完善企业与客户之间关系的新型管理机制

① 客户关系管理实施于企业的市场营销、销售、服务与技术支持等与客户相关的领域。

② 通过向上述领域的人员提供全面的、个性化的客户资料，使其协同建立和维护一对一关系，向客户提供更快捷、更周到的优质服务，提高了客户的满意度，从而增加市场份额。

③ 通过信息共享和优化商业流程有效降低经营成本，让客户参与企业产品、服务的研发设计，从而培养客户的忠诚度。

（3）客户关系管理是一种管理软件和技术

客户关系管理将最佳的商业实践与数据挖掘、数据仓库、一对一营销、销售自动化及其他信息技术紧密融合在一起，为企业的销售、客户服务和决策支持等领域提供了一个业务自动化的解决方案。

2. 网络客户关系管理的优势

随着企业管理的现代化和现代信息技术的飞速发展，网络客户关系管理呈现出许多优势。

（1）全面提高企业的核心竞争力

进入"互联网+"时代，以往代表企业竞争优势的企业规模、固定资产、营销渠道等已不再是企业在竞争中能否处于领先地位的决定因素。随着互联网的发展，新的竞争对手和新的市场机遇不断涌现，企业必须创造出新的结构以适应其变化需求。企业通过客户关系管理系统实现流程重组，提高企业的核心竞争力，从而取得跃升式进步。

（2）实现了实时服务

在电子商务时代，时间就是效率。现在的客户早已对传统商业模式以天为单位的回应速度不满意了，他们希望企业在几分钟甚至几秒钟内对其提出的问题做出反馈。企业如果不能做到实时服务，就会在很大程度上削弱企业的竞争力。许多企业提供在线服务，就是为了能够把反馈信息快速地提交到客户的手中。

（3）实现了跨越时空的服务

企业通过网站上的留言板、电子邮件、FAQ及网络客服中心与客户进行实时与非实时的沟通，为客户提供咨询、答疑、指导、培训和解决方案等服务。

（4）简化了客户服务流程

互联网不仅改进了信息的提交方式，加快了信息的提交速度，而且还简化了企业的客户服务流程，使企业提交信息与处理客户服务的过程变得更加快捷。客户重视时间胜过一切，他们希望能以较快捷的方式完成交易。所以，他们需要的不仅是好的网站服务，而且是能让他们自行寻找所需信息、完成交易、查询订单处理进度等整合完善的互动渠道。他们还希望能通过电话、传真、电子邮件或网站等不同方式进行互动，最好有专门的客服人员为他们服务。

（5）实现了个性化客户管理

企业利用网络工具，加强了与客户的交流，深化了对客户需求和偏好的认识，更快地获得了客户信息反馈，从而使企业向客户提供个性化服务有了渠道上的可能。基于这一背景，建立以客户为中心、网络为载体、个性化服务为特色的新型电子商务模式就成为众多企业追求的目标。网络客户关系管理实现了需求与服务的电子匹配，它贯穿于企业服务的全过程，从设计、生产、销售、付款到维修，借助多种电子手段为每位客户提供全面的个性化服务。

3．电子邮件在网络客户关系管理中的作用

在网络时代，企业利用电子邮件可以对客户提供双向互动的服务，而不是被动地等待客户要求服务。利用电子邮件进行主动的客户服务有以下三个方面的内容。

（1）利用电子邮件可与客户建立主动的服务关系

企业利用电子邮件，可实现主动地为客户提供服务，而不是被动地等待客户要求服务。

① 主动向客户提供企业的最新信息。企业的老客户需要了解企业的最新动态，如企业新闻、产品促销和产品升级等。企业可将这些信息及时主动地以新闻信件的形式发送给需要这类信息的客户，以便客户熟知。

② 获得客户需求信息的反馈，将其整合到企业的设计研发、生产和销售等系统中。要了解客户的需求可以通过电子邮件直接向客户询问，在设计询问的问题时，最好每次只设计一个具体的问题。这个问题要慎重考虑，使之直接作用于产品质量、服务等方面，同时问题应简洁明了、易于阅读、易于回答。

（2）利用电子邮件传递商务单证

由于企业利用互联网从事网上贸易活动，各种单证和票据都采用电子版的形式在网上进行传递，从而达到商务单证交换的目的。一般情况包括如下四项内容。

① 客户意见及产品需求调查问卷。

② 产品购买者信息反馈表及维修或保修信息反馈表。

③ 对某种产品需求的意向、特殊要求、数量和要求给出商品报价的申请表。

④ 新产品的报价单、订货单及有奖销售问卷回执单等。

（3）利用电子邮件进行其他的访问信息服务

利用电子邮件除了可以进行正常的通信联系、与客户建立主动的服务关系、传递商务单证，还可进行如下所述的访问信息服务。

① 利用电子邮件遨游万维网。万维网是互联网上较受欢迎、较为流行的信息检索服务程序，它把各种类型的信息（静止图像、文本、声音和影像）有机地集成起来，供客户阅读、查找。

② 利用电子邮件做 Gopher 搜寻。Gopher 是一种整合式的信息查询服务系统，它可为客户

提供一个方便的操作页面，利用它可以简单地获得所需要的文件资料、生活信息还可以进行文件存取、新闻信件查询等。

③ 利用电子邮件做文件传输服务。文件传输是一种实时的联机服务，它的任务是将文件从一台计算机传送到另一台计算机，它不受这两台计算机所处的位置、连接的方式及所采用的操作系统的约束。

④ 利用电子邮件做文件查询索引服务。

任务实施

1. 客户电子邮件的收阅与答复

（1）安排邮件通路

企业要实现确保每位客户的电子邮件都能得到认真而及时答复的目标，首要的措施是安排好客户邮件的传送通路，以使客户的电子邮件能够按照不同的类别进行专人受理。正如很多企业服务热线的接线员所描述的那样，客户期望他们的问题得到重视。无论是接线员直接为客户解决问题，还是将问题转发给公司有关负责人让其为客户解决问题，客户都希望接线员能够热心地帮助他们。在客户电子邮件管理中存在同样的问题，即如何有效地进行客户电子邮件的收阅、归类与转发等。

企业需要针对客户可能提出的各种问题做好准备工作。准备工作可从企业内部着手，如走访负责企业服务热线的接线员，与为客户提供售后服务的工程师交谈，还可利用网站建立 FAQ 过程中所积累的经验，分析并列出客户可能提出的各种问题及解决方案。对于客户可能提出的各种各样的问题，可按两个层次分类管理。

第一个层次是把客户电子邮件中所提及的问题，按不同部门划分为以下五种。

① 销售部门：价格、供货、产品信息、库存情况等。

② 客户服务部门：产品建议、产品故障、退货、送货及其他服务政策等。

③ 公共关系部门：记者、分析家、赞助商、社区新闻、投资者关系等。

④ 人力资源部门：个人简历、面试请求等。

⑤ 财务部门：应付账款、应收账款、财务报表等。

第二个层次是为每类客户电子邮件分派专人仔细阅读，同时还必须对这些信件按紧急程度划分等级，如划分为以下五种等级。

① 给公司提出宝贵意见的电子邮件。

② 普通紧急程度的电子邮件。

③ 特殊问题的电子邮件。

④ 重要问题的电子邮件。

⑤ 紧急情况的电子邮件。

（2）给客户提供方便服务

针对客户电子邮件的收阅与答复有两种处理方法：一种方法是客户把所有的电子邮件发送

到一个地址后，企业派专人进行分类和转发；另一种方法是企业在网页中设置不同类别的反馈区，提供企业各部门的电子邮件地址，由客户根据自己的问题将邮件发送到相应部门，这样做可以提高邮件的收阅率和答复率。

（3）尊重客户的邮件

客户获得的重要信息越多，获得信息的途径越方便、迅速，他们就会越满意。因此，即使一封邮件中满是牢骚或抱怨，或许这是客户的真实感受，我们更应该花时间仔细阅读、认真答复。其实，有时你认为给了客户一个专业的答复，但未必是客户所期望的答复。如果答复结果的确是坏消息，我们就应该尽快通知客户，并提供临时性方案，以免造成客户的损失。如果告诉客户解决问题的期限，那么我们必须履行承诺，不能拖延。

（4）采用自动应答器，实现自动答复

为了提高回复客户电子邮件的速度，企业可以采用计算机自动应答器，实现对客户电子邮件的自动答复。

2. 利用电子邮件主动为客户服务

（1）采用电子邮件新闻，主动为客户服务

① 告诉客户他们喜欢的行业新闻、商场促销活动及其他更好地使用产品等方面的信息。

② 来自其他客户的使用产品的经验、体会及如何节省时间和费用的小窍门也广受客户的欢迎。

③ 在未收到客户的订阅前，不要给他们发送任何邮件。

④ 在获得客户许可后，要在每封邮件中告诉他们退订的方法。

（2）鼓励与客户对话，主动为客户服务

（3）避免垃圾邮件

任务二 运用 FAQ 进行客户关系管理

任务引入

在线客户服务的重要内容之一是为客户提供有关企业产品和服务等各方面的信息，面对企业提供的众多信息及客户可能需要的信息，企业怎样做才能满足客户的需求呢？

任务分析

在网络营销中，FAQ 作为一种常用的在线客户服务手段，在网页页面中主要为客户提供有关产品、公司情况等常见问题的答案。研究表明，如果客户咨询服务的电子邮件超过 24 小时得不到回复，会让绝大多数客户感到失望和不满，也就是说 24 小时是大多数客户期望的心理界限。因此，一名优秀的网站工作人员应该重视 FAQ 的设计。客户 80%的一般问题可以通过 FAQ 系统回答，这样既方便了客户也减轻了网站工作人员的压力，节省了大量的客户服务成本，并且提高了客户的满意度。

相关知识

1. FAQ 的概述

FAQ 的中文意思是"经常问到的问题",或者更通俗地叫作"常见问题解答"。在很多网站上都可以看到 FAQ 列出了一些客户常见的问题,它是一种在线帮助形式。企业在利用一些网站的功能或服务时往往会遇到一些看似很简单,但不经过说明可能很难搞清楚的问题,有时甚至会因为这些细节问题的影响而失去客户,而在很多情况下,这些问题只需经过简单的解释就可以使人明白,这就是 FAQ 的价值。现在 FAQ 已成为企业网站一个必不可少的组成部分,无论是提供服务还是销售产品,企业都会为客户的问题提供详细的解答。例如,国内一些知名网络零售网站的 FAQ 体系设计就比较完善,其针对客户在购物流程、商品选择、购物车、支付方式、配送方式、售后服务等方面分别给出了一些常见问题的解答。

2. FAQ 的内容

以当当网上购物商城的 FAQ 为例进行介绍。一个完整的购物网站的 FAQ 都会将购物流程、支付方式、配送方式、售后服务等信息罗列出来,如图 9-1 所示。

图 9-1　当当网上购物商城的 FAQ 页面

网上购物商城的 FAQ，是新客户的一个购物向导。在 FAQ 中，将网上商城的购物流程、支付方式、配送方式、售后服务等信息罗列出来。除此之外，还能将客户提出的一些新问题及时地回复给客户，并将有共性的问题放在 FAQ 中。

（1）针对潜在客户设计的 FAQ

对企业的产品和服务感兴趣的客户，是企业的潜在客户，企业必须事先对他们想要了解的问题有所设计，并发布在 FAQ 中，激发他们的购买欲望。

（2）针对新客户设计的 FAQ

新客户对产品和服务的关心程度比潜在客户高，但与老客户相比，他们关心的问题并不是很深入，因此针对他们设计的 FAQ 应尽可能地包括一些有关新产品的使用、维护说明及注意事项等方面的信息。图 9-2 所示为淘宝网新手专区页面。

图 9-2　淘宝网新手专区页面

（3）针对老客户设计的 FAQ

老客户对企业的产品和服务已经了解很多了，因此针对他们设计的 FAQ 可以提供更深层次的技术细节、技术改进等方面的信息。

任务实施

1. 保证 FAQ 的效用

FAQ 是客户常见问题解答，所以其设计的问题应该是客户经常遇到和提问的，要保证一定的信息量和覆盖面；问题的回答也应尽可能地提供足够的信息，满足客户实际的需要。图 9-3 所示为 1 号店 FAQ 页面。为保证 FAQ 的有效性，企业需要做到以下几点。

① 要经常更新问题，及时回答客户提出的一些热门问题。

② 问题应短小精悍，便于阅读，切忌在一个提问中涉及多个疑问。

③ 对于提问频率高的问题，不宜使用过长的文本格式文件。

④ 产品或服务有变化时，问题也应该及时更新。

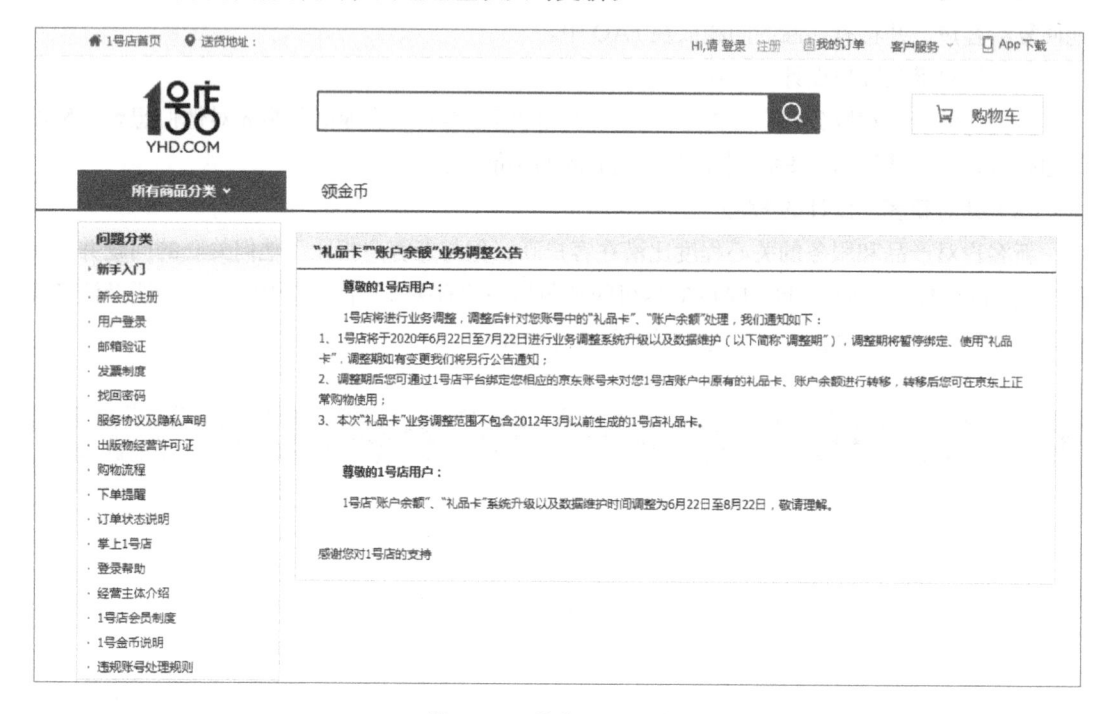

图 9-3　1 号店 FAQ 页面

2. 使 FAQ 简单易寻

在网站的主页上应该设置一个突出的按钮指向 FAQ，同时，在每页的工具栏中也都设有该按钮。在 FAQ 页面中应该设置能够链接到网站的其他文件上的反向链接，同时，在网站的产品和服务信息区域也应该设置指向 FAQ 的反向链接。这样，客户就可以在阅读产品信息时单击此链接回到 FAQ 页面，发现与之相关的其他方面的问题。

在解决 FAQ 易用性上应从以下四个方面入手。

① 提供搜索功能，让客户通过输入关键词迅速查找到问题和答案。

② 问题较多时，可以采用分层目录式的结构来组织问题的解答，但目录层次一般不要超过 4 层。

③ 设置热点问题列表，将常见的问题排在前面，其他问题可按一定规律排列，问题较多时可按字典顺序排列。

④ 对于一些复杂的问题，可对答案中的关键词再设置超链接，这样在了解一个问题的同时还可以方便地找到相关专题的问题。

3. 选择合理的 FAQ 格式

FAQ 在某种程度上代表着企业的形象，因为这是企业服务客户态度的体现，所以选择合理的 FAQ 格式也很重要。设计 FAQ 常用的方法是按主题将问题进行分类，每类问题都有其对应的区域，对于问题较多的主题应设置一个"更多"菜单项，单击之后能链接到此主题的问题列表页面。FAQ 分类的方法有以下四种。

（1）按业务流程分类

如淘宝网的 FAQ 问题分类包括：如何成为淘宝用户、成为会员后如何买卖、如何设置和保护账号信息、举报投诉与退款、淘宝辅助软件及增值服务、淘宝规则等，如图 9-4 所示。

图 9-4　淘宝网的 FAQ 页面

（2）按产品或服务的关键词分类

如京东商城的 FAQ 问题分类包括：购物流程、购物指南、配送方式、支付方式、售后服务、特殊服务等，如图 9-5 所示。

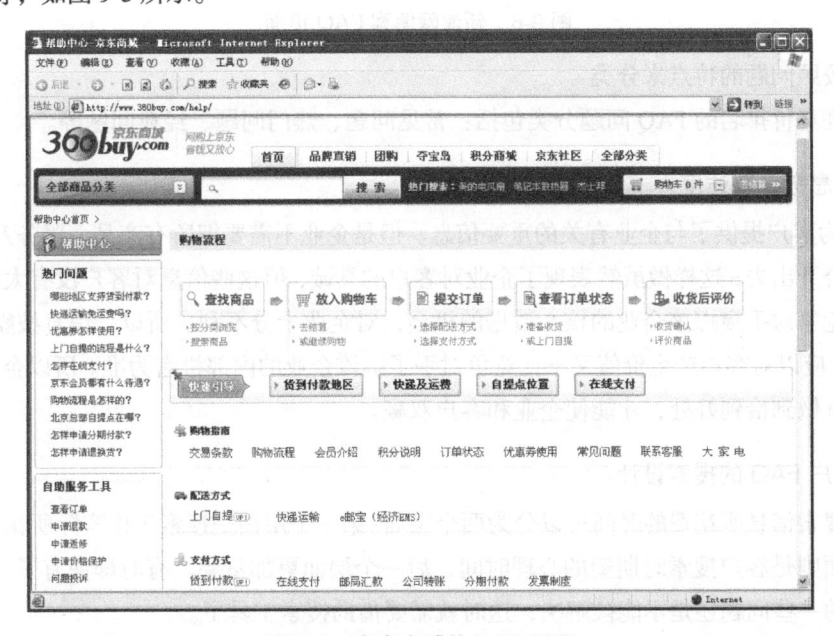

图 9-5　京东商城的 FAQ 页面

（3）按产品或服务使用功能分类

如新浪网博客的 FAQ 问题分类包括：博客新版介绍、开通与登录、密码与账户安全、文章发表与管理、相册管理等，如图 9-6 所示。

图 9-6　新浪网博客 FAQ 页面

（4）按照问题的特点来分类

如百度竞价排名的 FAQ 问题分类包括：常见问题、热门问题、经典问题等。

4．信息披露要适度

FAQ 为客户提供了与企业有关的重要信息。但是企业不需要把所有产品、服务及企业的经营情况都公开出去，这样做虽然表现了企业对客户的真诚，但这些信息对客户没有太大的用处，反而给了竞争对手窥探该企业的核心数据的机会，对企业十分不利。所以，信息披露要适度，这个"度"应以对客户产生价值又不让竞争对手了解该企业的内部机密为准。所以企业 FAQ 的设计，只有做到恰到好处，才能使企业和客户双赢。

5．客户 FAQ 的搜索设计

客户搜索信息所花费的时间可以分为两个层面：第一个层面是搜索工作实际所花费的时间；第二个层面则是客户搜索时期望的心理时间，后一个层面更加重要。有时即使有了 FAQ 的帮助，客户的一些问题还是不能被解决，这时就需要借助搜索工具了。

设计 FAQ 搜索时需考虑以下两点。

① 搜索功能应适应网站的需求。对小网站来说，使用简单的搜索方案即可；特别小的网站则设计出一个较好的目录表就能解决问题；较小的网站则只需一份较为详细的索引即可；较大一些的网站可以设计出一套根据字符直接匹配调用文件回取的系统帮助搜索；如果网站很大，就需要使用功能较强的搜索引擎了。

② 从客户角度设计搜索引擎模板。客户使用搜索引擎时，最关心的是如何迅速地找到他们所要的准确信息。企业可采用一些有效的方法，让客户在不使用复杂搜索引擎模板的情况下，就能迅速地找到他们所要的准确信息。这就要求企业在设计 FAQ 时，应从客户的角度出发考虑问题，从客户角度设计合适的搜索引擎模板：一要了解客户提问的方式；二要设计分步搜索的方式；三要把握 FAQ 信息披露的适度问题。

任务三　在线客服系统的应用

任务引入

很多企业都在不断地做网站，不停地在网站上宣传自己的产品以此来提高其知名度，但是市场调查数据显示，每天浏览网站的人很多，访问量也在增加，可到最后销量并没有多大的提升。那么，问题出在了哪里呢？

任务分析

很多企业关心的问题是我们的网站有那么多人关注，但并没有对销量起到良性的作用，使其无法抓住商机。其实很多情况下，不是因为企业的产品不好，而是企业在沟通方面存在许多问题，在线客服系统功能不完善，从而导致在跟进不足的情况下错失商机。

相关知识

1. 在线客服的含义

在线客服，或称网上前台，是一种以网站为媒介，向互联网访客和网站内部员工提供即时沟通的页面通信技术。

2. 在线客服的作用

（1）增加营销渠道

改变传统的电话、邮件、QQ 等营销方式，为企业打造主动式的营销方式。

（2）增加销售机会

通过在线客服人员为客户分析和解决复杂的问题来增强客户的信任度，进一步增加销售机会和提高销量。

（3）降低运营成本

每名在线客服人员可无限增加即时的在线服务人数，降低了传统客户服务中通过电话交流所产生的成本。

（4）巩固客户关系

通过与客户在线人性化的交流，并且以客户的地址来判断，会发现回头客逐渐增多。

（5）无缝沟通

不用安装任何软件或插件，客户只需轻轻一点，就能够与客服人员进行即时交流，大大降低了客户的沟通门槛，提高了成交概率。收集了客户来访时间和地理位置的统计信息后，企业可以根据这些数据调整销售人员安排、改进销售策略等，为进行市场决策提供了有力的依据。

（6）知识储备

客服人员可以轻松地通过知识库进行学习，当面对客户提问时，也可以通过从知识库调阅相关资料，快速解答客户的问题。

（7）精准营销

客服人员可以从系统中清楚地知道客户正在访问什么，感兴趣的是什么，并做好充足的准备。

（8）快捷回复

将常用的对话内容和网站地址进行分类整理，客服人员能轻松地对不同的客户做出快速应答，体现其专业性，提高工作效率。

（9）实时监管

管理人员能够实时地对客服人员的工作进行监督，并查看客户对客服人员的满意度评价。

3. 网站商务通的含义

网站商务通是一款国内领先的企业级的网站实时在线客服系统，网站访客只需单击网页中的对话图标或链接，无须安装或者下载任何软件就能直接和网站客服人员进行即时交流。网站商务通能为企业发掘更多的潜在客户、捕捉转瞬即逝的商机、降低运营成本、提高工作效率、获得客户的咨询与反馈信息，进而提高了客户的满意度，是企业进行在线咨询、在线销售、在线客服的有力工具。

网站商务通可以帮助企业开展在线销售、在线客服、流量统计和网站管理等工作，变流量为销量，变访客为顾客，还可以帮助企业选择更佳的推广方式，做到投入收益最大化。网站商务通提供强大的报表功能，为优化网站、优化推广策略、加强客服管理和改进销售策略等方面提供了重要的依据。

4. 呼叫中心的含义

呼叫中心，也称客户服务中心。在实施客户关系管理中，现代企业多以呼叫中心的形式建立与客户交流的窗口。呼叫中心是客户关系管理中的核心组成部分，也是客户关系管理中的信息支持平台。它充分利用了通信网络和计算机网络的多种功能，构建了一个完整的综合服务系统，能方便、有效地为客户提供多种服务，如24小时不间断服务、多种交流方式等。

呼叫中心能事先了解客户信息并安排合适的业务代表访问客户，将客户的各种信息存入业务数据仓库以便共享，也能随时为客户排忧解难，同时还可将销售、服务、市场和交货情况等信息及每位客户的交易集合在一起，为各部门的人员提供实时的信息，它还能提供客户投诉记录、解决情况及产品和服务的质量情况等。

5．即时通信的含义

即时通信已经成为目前较流行的网络通信方式。它集成了电子邮件、博客、音乐、电视、游戏和搜索等多种功能，既可以实现在线聊天、文件传送，还可以进行视频传送、可视交谈。即时通信不再是一个单纯的聊天工具，它已经发展成集交流、资讯、娱乐、搜索、电子商务、办公协作和企业客户服务等于一体的综合化信息平台。现在国内的即时通信工具有 UcSTAR、E 话通、QQ、UC、商务通、网易泡泡、盛大圈圈、淘宝阿里旺旺等。

任务实施

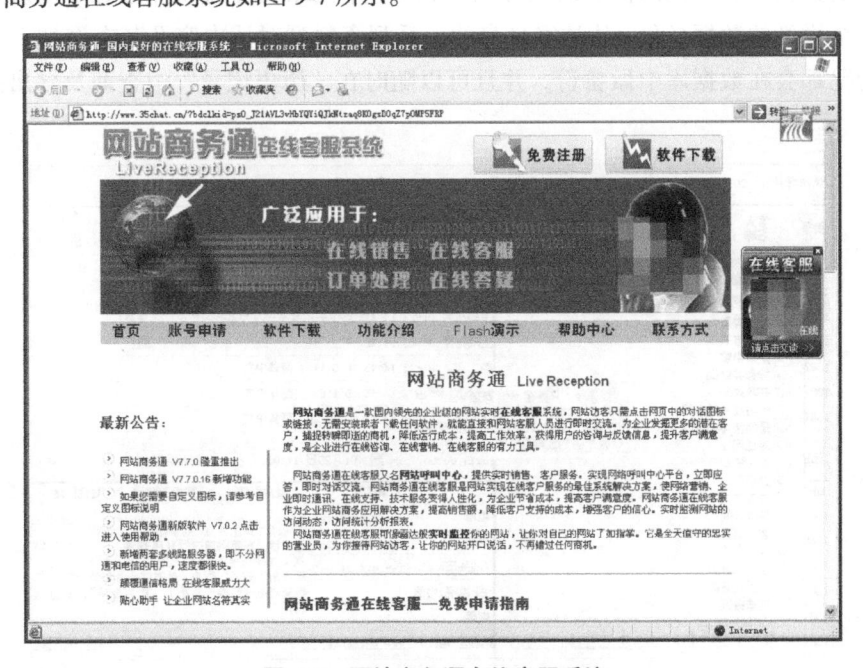

1．网站商务通在线客服系统的应用

网站商务通在线客服又称网站呼叫中心，其能提供实时销售、客户服务，实现网络呼叫中心平台，立即应答，即时对话交流。网站商务通在线客服是网站实现在线客户服务的最佳系统解决方案，使网络营销、企业即时通信、在线支持、技术服务变得人性化，为企业节省了成本，提高了客户的满意度。网站商务通在线客服作为企业网站商务应用解决方案，提高销售额，降低客户支持的成本，增强客户的信心。实时监测网站的访问动态，访问统计分析报表。

网站商务通在线客服系统如图 9-7 所示。

图 9-7　网站商务通在线客服系统

下面介绍网站商务通的9个特色功能。

（1）实时管理

在网站商务通在线客服系统中经理可以实时监测每名员工的实时对话，协助员工快速成长（见图9-8）。

（2）呼叫中心

呼叫中心也就是可以实现按部门或服务项目将对话分组的功能，可以实现在同一个对话窗口中访客可以任意呼叫想与之对话的部门。想要实现"呼叫中心"的功能，需要通过设置客服及权限来完成（见图9-9）。

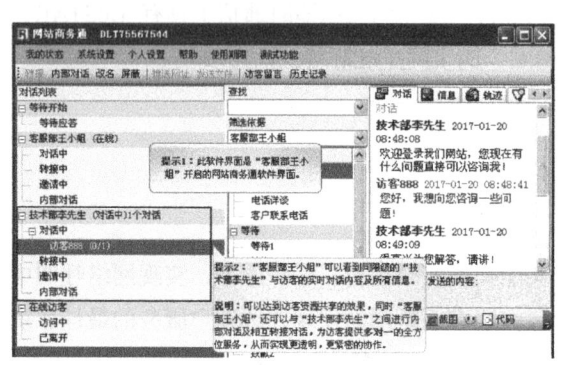

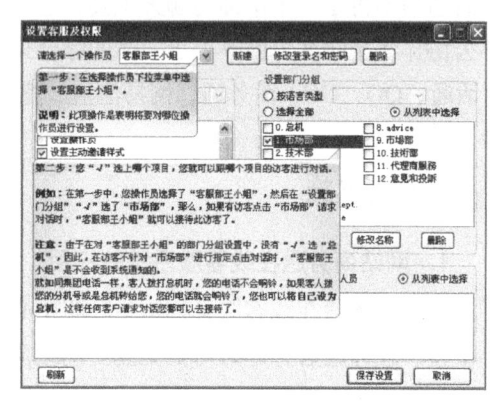

图9-8　实时管理操作界面　　　　　　　图9-9　呼叫中心设置客服及权限页面

（3）数据挖掘

强大的数据资源是网站商务通软件的一大特色，网站商务通软件会对每位访问网站的访客做一个详细的数据备份，从访客自身的一系列资料到对话内容及其在网站上所做的任何操作情况都会在数据库中做备份，并且可以随时在"历史记录"中查询及导出报表（见图9-10）。

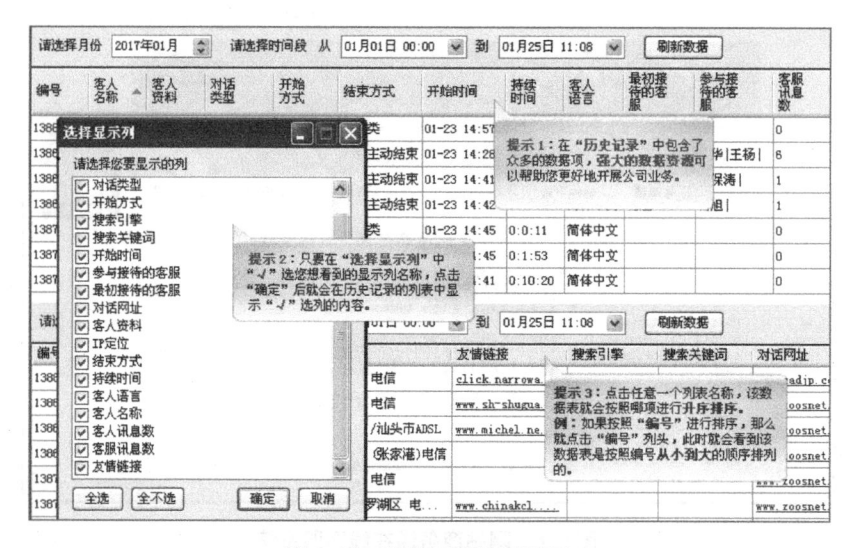

图9-10　数据列表资源页面

（4）主动邀请

网站商务通在线客服系统使主动邀请功能更具人性化，更易于打破访客的心理防线，它可以对访客的语言、看到的邀请语及邀请页面进行有针对性地设置，使访客能够在第一时间接受服务（见图9-11）。

（5）访客消息预知功能

这是指访客在对话窗口中输入并未发送的内容时，客服人员可以在网站商务通客服端软件中预先看到，以便于提早对访客想说的话进行判断处理（见图9-12）。

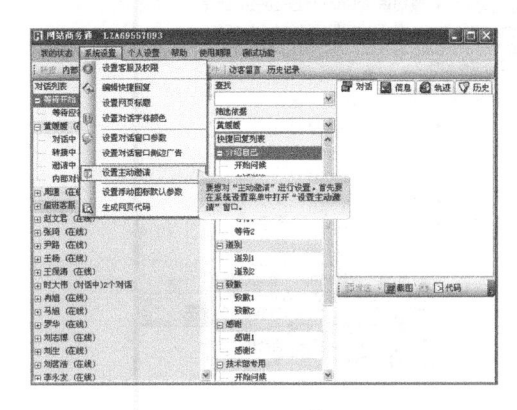

图 9-11　设置主动邀请页面　　　　　　图 9-12　访客消息预知页面

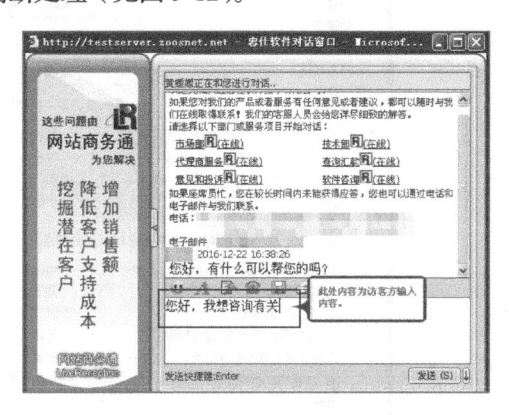

（6）联系人管理功能

这相当于是一种客户管理软件，拥有客户管理软件的基本功能。联系人管理功能可以标注客户的昵称、电话、QQ、MSN、地址、单位、重要级别、业务类型、所属客服等相关信息。选中一个访客，在右侧的"联系人管理"标签中可以对选中的访客进行各项操作（见图9-13）。

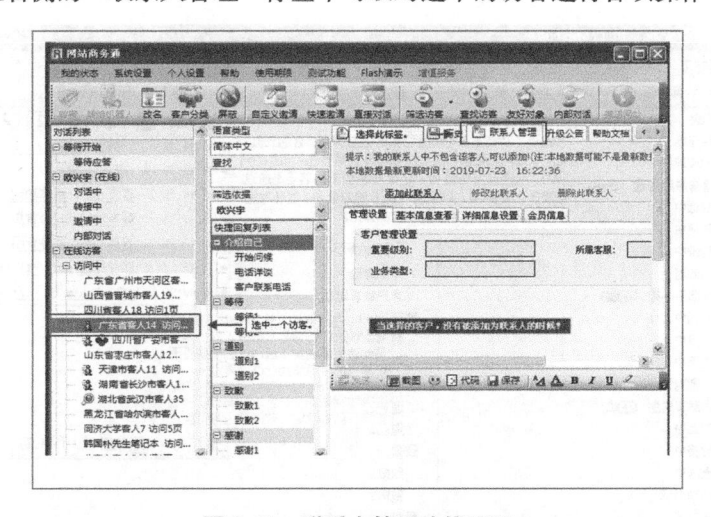

图 9-13　联系人管理功能页面

（7）永久识别功能

网站商务通在线客服系统的永久识别功能可以通过几个方面来体现，如访客名称的永久识别、历史记录的永久保存，以及访客来访标志等都可以对某一访客进行永久定位。只要是用同一个账号来访问的，都被认为是相同的身份（见图9-14）。

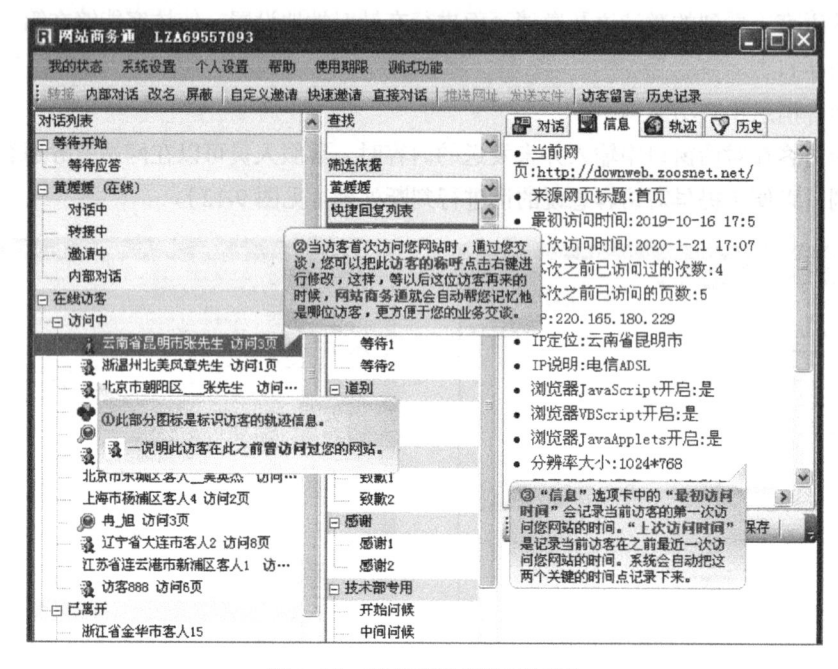

图9-14 对访客进行识别页面

（8）轨迹跟踪

网站商务通在线客服系统能帮助客服人员了解访客更多的意向，也能帮助网站优化其流程。还可以通过简单的设置，并且以更友好的名称来标识访客的访问轨迹（见图9-15）。

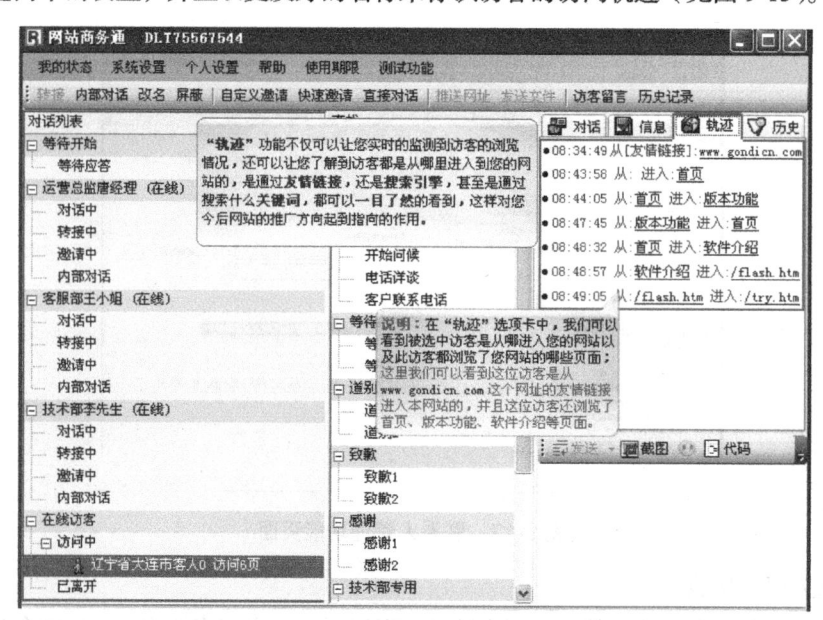

图9-15 轨迹跟踪的说明及功能页面

（9）个性化

网站商务通在线客服系统提供13套模板，并可自定义图标、开场白、广告设置、邀请页面、问候语等，全面展示企业形象（见图9-16）。

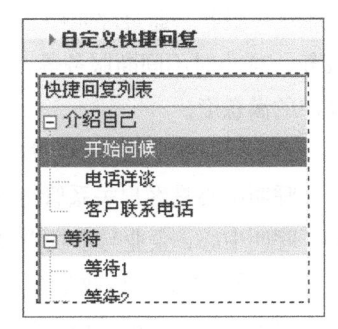

图9-16　个性化设置页面

2．呼叫中心在线客服系统的应用

呼叫中心是企业面向客户的接触平台，它通过电话、电子邮件、网站等各种手段，将客户接入企业。它是企业对客户的统一接触点，能让客户感受到企业的价值。它有助于企业收集市场信息、积累客户资料；可以维护客户忠诚度，扩大销售规模；还有助于企业在实施客户关系管理过程中的流程再造。

以远特呼叫中心为例，企业申请远特呼叫中心业务后，通过用户的呼叫流程（见图9-17），从而实现为客户服务的目的。

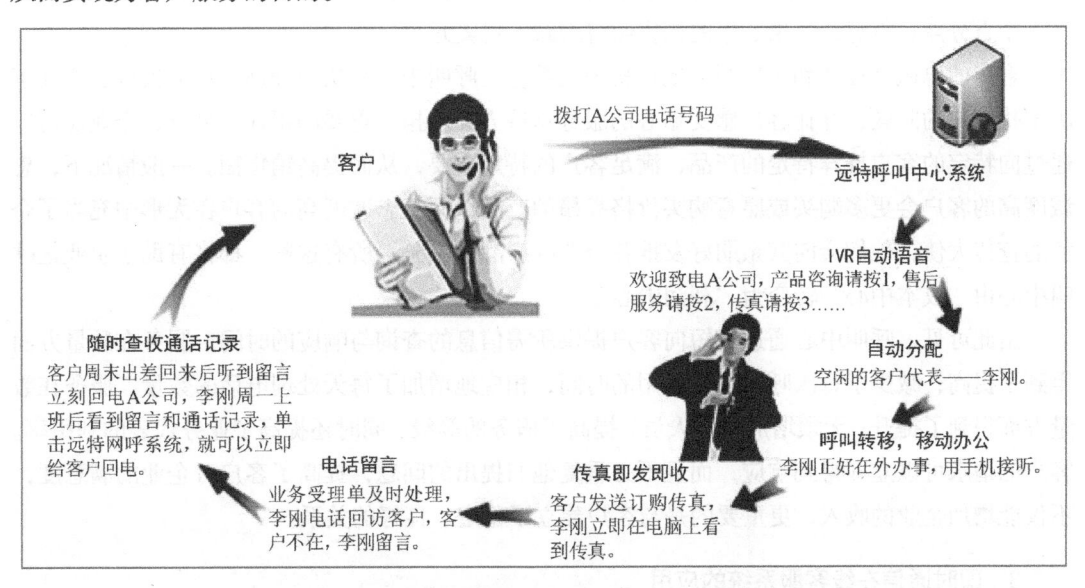

图9-17　企业申请远特呼叫中心业务后，用户的呼叫流程

（1）呼叫中心是企业对客户的统一的联系窗口

呼叫中心能向客户提供一个明确而且统一的联系窗口，将客户不同性质的问题转接到不同的部门，提供一站式服务，解决客户的问题，这样不仅能够提高服务的准确性和高效性，而且

赢得了客户的满意。

（2）呼叫中心是让客户感受到企业价值的中心

进入竞争激烈的电子商务时代，企业应更专注于创造客户的附加价值，特别是未来竞争的主轴——服务。通过呼叫中心，企业能在产品之外向客户提供更多的附加价值，如个性化咨询服务、24小时不间断服务等，这些附加价值有助于协助企业及时为客户解决问题，从而提高了客户的满意度。

（3）呼叫中心是企业收集客户资料和市场信息的信息中心

呼叫中心是客户关系管理的主要信息来源，呼叫中心为客户提供与企业沟通的多种渠道。有了呼叫中心，企业与市场更接近了；通过呼叫中心，企业可以更敏锐地感受市场的实时变化。

① 呼叫中心可以收集客户的投诉与建议，这些是改善产品或服务品质的重要依据。呼叫中心应定期地将客户的投诉与建议整理集中后提供给后台，作为以后改善工作的参考资料。

② 呼叫中心可以用搜集来的客户基本资料、偏好与关心的议题，建立客户资料数据库，作为分析市场消费倾向的依据。

③ 企业的营销活动，往往可以先通过呼叫中心、网站上参观人潮、客户来信渠道来了解市场动向，提早协调后台活动单位来调整活动规模。例如，当客户响应比预期更热烈时，企业就应该考虑能否及时处理过多的订单，要提早准备。

（4）呼叫中心能更好地维护客户忠诚度，并进一步扩大销售规模，使"成本中心"转变为"利润中心"

IBM公司北美地区资深营销专家罗伯特·拉班指出，对于IBM公司而言，客户满意率每波动1个百分点，就意味未来5年的销售额将增减5亿美元。

客户的忠诚度往往和售后服务成正相关关系，而呼叫中心在快速处理客户的投诉、协助解决困扰客户的问题，并让客户感受贴心的服务这些方面承担着重要的责任。另外，企业还可以通过向特定的客户推荐特定的产品，满足客户的特定需要，从而提高销售额。一般情况下，忠诚度高的客户会更多购买或愿意购买价格高昂的产品，而且忠诚度高的客户在无形中充当了企业的宣传大使，他们会向其亲朋好友推荐企业的产品或服务。所有这些，都将有助于企业把呼叫中心由"成本中心"转变为"利润中心"。

由此可见，呼叫中心通过缩短向客户提供所需信息的查询与响应的时间，服务在质量方面得到了提高；减少了每次呼叫电话占用的时间，相应地增加了每天处理电话的数量，服务在数量方面得到了提升；无须增加服务人员，提高了服务的等级，同时还提高了业务代表的利用率。客户的请求可以立即得到响应，而且不必重复他们提出的问题，提高了客户对企业的满意度，不仅能增加企业的收入，更重要的是与客户建立了稳定、良好的关系。

3．即时通信在线客服系统的应用

即时通信软件除了可以实时交谈和互传信息，不少软件还集成了数据交换、语音聊天、网络会议、电子邮件等功能。下面以大家比较熟悉的QQ和MSN为例进行介绍。

（1）文字聊天

聊天功能是 IM 软件最基本也是最重要的功能，基本上每种 IM 软件在这个功能上的操作都差不多：如果用户想与联系人进行聊天，可以双击 IM 中联系人的头像，在弹出的对话框中输入文字信息发送即可。当然还有一些 IM 软件有自己独特的文字聊天特点，如 QQ 可以给不在线的好友发送信息，对方下次上线的时候就可以收到信息，而 MSN 则不具备这样的功能。

（2）语音聊天

QQ 和 MSN 都提供了实时语音聊天功能，双方不仅可以用文字聊天，还可以进行语音通话，如图 9-18 所示。此外 QQ 还有传送语音功能，利用此功能可以传送语音信息。在 QQ 聊天窗口中单击"语音消息"图标，单击之后显示正在录音，录音完毕，单击"发送"按钮即可完成操作。

图 9-18　QQ 语音聊天功能

（3）传送文件

IM 软件能点对点地传输文件，有时候使用此功能要比使用电子邮箱方便许多。在 QQ 聊天窗口中，单击"上传文件"图标，选择"发送文件"选项，找到要发送的文件，单击"发送"按钮即可完成操作，如图 9-19 所示。此外，文件传送功能还支持类似断点续传的功能，不必担心文件传送过程中突然发生中断而导致文件无法传送成功的情况。

图 9-19　QQ 发送文件功能

(4）拨打电话

在 MSN 中提供了 PC-PHONE 的拨打电话功能，可以在 MSN 软件主窗口中，单击操作窗口"我想"下面的"拨打电话"按钮或者用鼠标右键单击要呼叫的联系人的名字，选择"拨打电话"选项就可以开启拨打电话功能了。但用户在进行电话呼叫之前必须先注册语音服务。

（5）远程协助

远程协助可以将电脑的控制权分享给对方以便对寻求协助者提供帮助。通过远程协助，对方可以很容易地控制寻求协助者的桌面，如图 9-20 所示。它的功能主要体现在应用程序共享、远程协助、白板共享、寻求远程协助等方面。由于这一功能非常强大，在寻求协助的过程中系统会多次提醒并给出选择，请用户在使用这一功能时多加小心，一定要确认对方是否可靠。

图 9-20 QQ 远程协助功能

（6）视频聊天

如果你的网速够快，又有摄像头的话，完全可以用 IM 软件来代替视频会议了，在聊天的同时不仅可以通话，还可以看到对方的面部表情，给你带来一份全新的感受。在 QQ 聊天窗口中，单击上方的"发起视频通话"图标就可以与好友进行视频聊天了，如图 9-21 所示。MSN 支持视频聊天功能，其设置和使用也非常简单，右键单击好友选择"开始视频对话"选项就完成了操作，非常方便。

图 9-21 QQ 视频聊天功能

（7）邮件辅助

IM 软件和电子邮箱是我们在网上最常用的两种工具，如今不少 IM 软件将两者进行了完美的结合。在 QQ 中你可以直接给自己的好友发邮件，而无须再输入电子邮件地址。此外对于自己的 QQ 邮箱，QQ 还有检查新邮件功能，在"系统参数"中设置你自己的电子邮箱，填好 POP3 地址，你可以设置定时检查时间，QQ 就会定期自动检查是否有新邮件到达。对于 MSN 来说它的邮件功能就更强大了，使用 MSN 必须有一个邮件账号，每次当你的 MSN 登录成功时，在右下角会自动弹出一个提示窗口，上面显示该电子邮箱账户内的信件状况。在使用过程中如果你的邮箱中有了新邮件，在右下角也会弹出一个提示窗口。

（8）发送短信

目前 IM 软件与各种移动终端设备的结合也越来越多。如使用 QQ 向手机发送短信，单击对方头像图标，在打开的快捷菜单中选择"发送短信"选项，在打开的对话框中输入信息，然后单击"发送"按钮即可完成操作，这时对方的手机就可以收到一条信息（对方的手机需要开通移动 QQ 服务）。MSN 在境外提供此功能，目前由于运营商的原因，国内还不提供此功能。

（9）浏览咨询

有的朋友只是使用 QQ 聊天，其实也可以使用 QQ 浏览每日最新的新闻。QQ 面板中的"腾讯网迷你版"中有新闻、IT 科技、证券、体育、娱乐等许多种类的新闻信息，你可以随意浏览自己感兴趣的新闻。"腾讯网迷你版"页面会自动提取出当日新闻标题，通过这些标题，你可以快速地选择自己感兴趣的新闻，单击新闻标题就可以用浏览器进行读取了，如图 9-22 所示。MSN 的外挂软件 MSN SHELL 等也具备浏览新闻的功能。

图 9-22　QQ 界面管理

（10）档案管理

IM 软件用久了，你就会发现账号里面的好友越来越多，和好友的聊天记录也越来越长，时常想把自己和好友的重要聊天记录备份或者整理一下自己的好友列表。这时你可以用 QQ 档案管理中的消息管理器把所有聊天记录导出保存成为一个 BAK 或 TXT 文件，这就完成了备份工作；如果 QQ 中的聊天记录不小心被清空了，你还可以再用"导入"功能把聊天记录导入到 QQ。好友管理和消息管理使用相同的界面，可以相互切换，在好友管理界面中可以对好友进行排序、查看资料、转移好友等，在这里管理好友比在 QQ 面板中要方便很多。你可以根据昵称、号码、年龄、性别、最后聊天时间对好友进行排序，十分方便。对于 MSN 来说，如果想实现聊天记录的备份或好友档案的整理还需要借助第三方软件。

技能训练

【技能训练 1】企业客户服务分析

1. 实训目的

（1）了解企业网站在线客户服务的常用手段。

（2）分析在线客户服务的应用状况和主要问题。

2. 实训内容和步骤

（1）任意选择一个企业网站，登录其网站进行浏览，加深对其提供的产品或服务及企业基本情况的了解。

（2）观察该企业网站提供的客户服务方式，从类型、内容的质量、回复咨询的时间等服务指标来分析其客户服务手段是否完善。

（3）了解该企业网站提供的服务内容，结合该企业的产品或服务分析所提供的服务内容能否满足客户需求。

（4）对该企业网站在线客户服务进行总体评价，并提出自己的意见。

3. 撰写实训报告

实训报告以书面形式提交，字数：2000 字左右。命名方式即"学号+姓名"，发送到老师的 QQ 邮箱。

【技能训练 2】利用 Outlook 与客户沟通

1. 实训目的

通过实训熟练掌握 Outlook 2003 中文版软件的启动与退出、设置电子邮件账户、设置接收与发送邮件的相关选项及添加联系人、起草、发送和接收邮件、自动回复及设置和取消提醒事项等操作的方法和技巧。利用这些操作方法和技巧，可以有效地实现对各邮件账户的统一管理，从而进一步提高工作效率。

2. 实训内容

利用 Outlook 2003 的基本功能，实现与客户间的电子邮件交换，建立与客户间的沟通平台。

3. 实训步骤

（1）启动 Outlook 2003 中文版软件（见图 9-23）。

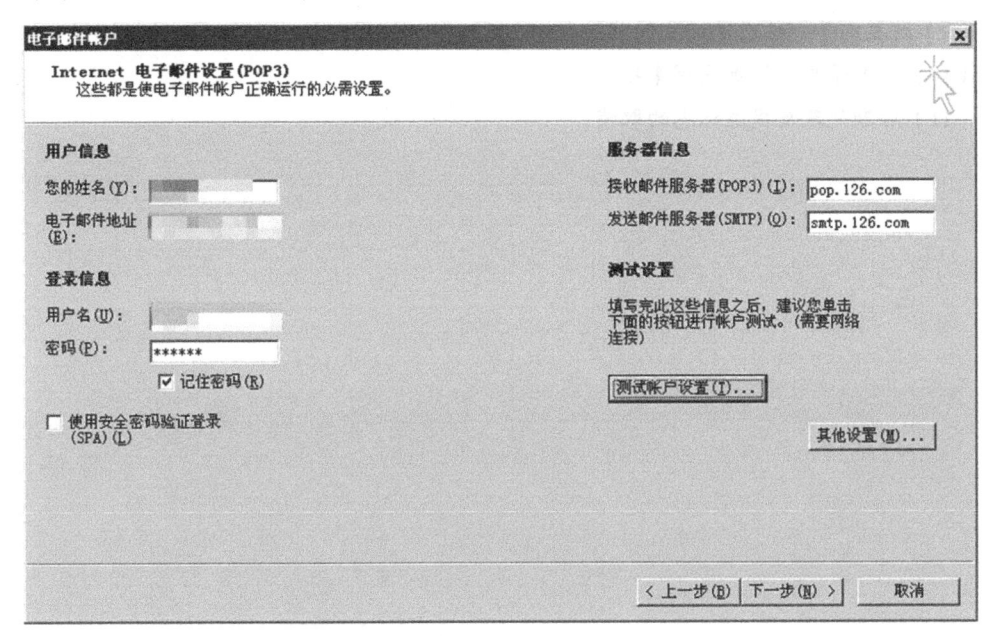

图 9-23　启动 Outlook 2003 中文版软件

（2）设置电子邮件账户。

（3）设置接收与发送电子邮件的相关选项，以便有效地控制垃圾邮件和病毒。

（4）在 Outlook 中添加联系人（见图 9-24）。

姓名	地址	联系电话	电子邮件地址
陈■	天津■■■	139■■7201	cxb@■■.om.cn
宋■	北京■■■■	132■■5201	ssl@■■.om.cn
张■	天津■■■	135■■9756	zc@■■.gov.cn
李■	唐山■■■	134■■2524	lyh@■■.com.cn
郑■	包头■■■	130■■7659	zx@■■.com.cn
赵■	北京■■■	159■■7323	zxm@■■.om.cn
刘■	沈阳■■■	137■■3432	lhj@■■.om.cn
吴■	大连■■■	139■■5759	wfx@■■.om.cn
杜■	石家■■■	135■■6761	dfj@■■.com.cn
任■	太原■■■	130■■558	rty@■■.om.cn

图 9-24　在 Outlook 中添加联系人

（5）利用 Outlook 起草新电子邮件。

（6）设置电子邮件的跟踪选项。

（7）利用 Outlook 发送和接收电子邮件。

（8）利用 Outlook 阅读电子邮件。

（9）设置电子邮件自动回复功能。

（10）为电子邮件添加提醒事项。

（11）后期处理及提醒标志的取消。

第三模块

网上创业实战

- 理论疏导
- 实训项目 10　个人网上创业
- 实训项目 11　企业商务网站的策划与优化

理论疏导

一、相关理论

1. 创业

由于视角不同或者使用环境不同,人们对于"创业"的理解具有性质、类别、范围、过程、阶段等方面的差异,但"创业"一词被普遍使用的含义主要有两种:一是泛指创立基业或事业;二是由于当今经济活动成为社会生活的主旋律,因此"创业"经常被理解为开创一个企业或开始新的业务活动。

2. 网上创业

网上创业是指个人或群体发现某种信息、资源、机会或掌握某种技术,利用或借用网络这一载体,将其发现的信息、资源、机会或掌握的技术以一定的方式转化,创造出更多的财富、价值,并实现某种追求或目标的过程。

3. 网上创业的实现手段

(1)利用第三方电子商务平台

利用第三方电子商务平台开店是被广泛接受的一种开网店的方式,它具有很多得天独厚的优势。目前,国内提供 C2C 服务的网站有很多,如淘宝网、易趣网、百度有啊、拍拍网等都是比较知名的网上开店平台。

(2)独立网店

目前,市场上与淘宝网等这类第三方电子商务平台并行其道的是独立网店。如果说在成熟的第三方电子商务平台上开网店像在传统的大商场中租赁一个柜台经营自己的商品的话,那么独立网店就如同自己开了一家品牌专卖店。独立网店拥有自己独立的域名,不必受"大商场"条条框框的限制,有更大的经营空间和灵活性,可以拥有更多自己的特色。最吸引人的是,这种独立网店的经营模式使经营者可以拥有自己独立的店标,树立自己特有的品牌形象,有可能逐渐发展并形成规模,建立起自己的实体企业。

二、实训目的

本模块立足于常见的淘宝网平台,通过实训能够让学生了解淘宝网网上开店的基本流程,了解网上店铺的销售模式和网络店铺的营销推广方式。掌握店铺装修的方法，了解选品和发布商品的方法，使学生能够具备网上开店的能力。

三、实训平台介绍

淘宝网是亚太地区较大的网络零售商圈，由阿里巴巴集团在 2003 年 5 月创立。淘宝网是我国深受大众欢迎的网络零售平台，截至 2020 年，淘宝网已拥有近 5 亿个注册用户，每天有超过 6000 万名固定访客，同时每天的在线商品数量已经超过了 8 亿件，平均每分钟售出 4.8 万件商品。

淘宝网门槛低、创业资金少、风险低、压力小，是从事电商创业的首选平台。淘宝网的店铺类型有个人店铺和企业店铺两种，目前这两种店铺开店都是免费的，但为了保障消费者利益，开店成功后部分类目需缴纳一定额度的保证金，保证金在后续不开店之后可以申请解冻归还店主。

实训项目 10

个人网上创业

任务一　网上开店的准备

任务引入

李明想在淘宝网上注册一个店铺，首先他要了解网上店铺的概念，以及如何选择开店的平台。进行网上开店应具备哪些基本条件？如何选取货源呢？下面我们帮助李明完成这个任务。

相关知识

1. 网上店铺的概念

网上店铺（简称网店）就是在互联网上开设的店铺，是电子商务的一种形式，是人们在网上浏览商品的同时进行实际购买，并且能通过各种支付手段进行货币支付，从而完成交易全过程的网站。目前，大多数网店都是使用淘宝网、易趣网及百度有啊等第三方平台注册的。

2. 网上开店的经营方式

如果你正在考虑网上开店，应该根据个人的实际情况，选择一种适合自己的经营方式。网上开店的经营方式主要有以下三种。

（1）网上开店与线下开店相结合的经营方式

此种网店因为有线下店铺的支持，在商品的价位、销售的技巧方面都更高一筹，也容易取得消费者的认可与信任。

（2）全职经营网店

经营者将全部的精力都投入网店的经营上，将网上开店作为自己的全部工作，将网店的收入作为个人收入的主要来源。

（3）兼职经营网店

经营者将经营网店作为自己的副业，如现在许多在校大学生利用课余时间经营网店。也有一些职场人员利用工作的便利开设网店，扩大收入来源。

3．网上开店平台

网上开店平台比较受欢迎的有淘宝网和微店。

（1）淘宝网

用户不仅可以在淘宝网平台上开店卖货、在淘宝网直播卖货，还能在抖音、火山、头条、快手、微博、UC 等多个平台添加货源，添加到平台短视频、图文、直播中带货卖货。用户在网上开店卖货最重要的是获得流量，而在淘宝网平台上开店可以通过各类渠道获客营销。但并不是开完网店就可以放任不管了，而是需要运营推广，把货物卖给需要的客户。在淘宝网平台上开店覆盖的品类非常丰富，工具也非常齐全，还拥有货源中心与商家服务，用户可以免费申请开店，门槛也相对比较低。

（2）微店

微店是一款手机微信开店卖货的工具，多为微商个人卖家使用为主，适合在微信群、朋友圈上卖零散的货源，也可以在公众号上嵌入卖货，提供商品、订单、购物车、收藏的店铺等统一管理功能，只需一部手机，即可管理订单。微店支持多种营销工具，包括广告联盟、拉新客、推广员、抽奖、群接龙、裂变等获客营销，支持微店社区、经营分析、开放平台、服务市场等功能与服务，前几年很多做微商的用户都在使用该工具开店卖货，因此电商工具功能相对也比较成熟，功能也比较强大。

任务实施

1．网上开店的基本条件

虽然在网上开店不需要很好的地段、很多的配置，但并不意味着在硬件上不需要投资。

（1）硬件基本条件

① 设备：连入互联网的计算机 1 台、手机 1 部、数码相机 1 台。这些东西均可在网上买到，可以根据自己的经济状况购买新的或二手的。既然是网上开店，所有商品都是要有图片的，图片更能吸引顾客，所以购买数码相机的投资是必不可少的。

② 证件：本人的身份证，一张用本人身份证开户的银行卡，并且需要开通网上银行业务。

③ 资金：一般启动资金（购买以上设备之外）为 100～2000 元。

（2）软件基本条件

用户要想在网上开店，除了满足硬件方面的要求，熟练地使用相关软件进行电子商务活动也是非常必要的，熟练地掌握一些基本的上网操作是网上开店的基础。用户能熟练地使用电子邮箱及聊天软件（如腾讯 QQ、MSN、淘宝阿里旺旺等），以便通过这些方式与买家及时沟通。用户能熟练地使用一些常用的办公软件，如 Word、Excel 等，这些是处理一些商品资料、合同及其他客服资料的基础。用户能熟练地使用一些常用的图像处理软件，如 Photoshop、Fireworks 等，在拍摄商品照片后，通过这些软件对照片进行美化处理，以获得更好的宣传效果。

2．网上开店的市场分析及定位

淘宝网上有许多店铺，销售的商品各式各样。如果要开店，首先需要考虑店铺的定位，制定开店的策略。

（1）产品定位

网店产品的选择，首先要考虑网上目标消费群体，通过分析淘宝网上的网购客户来确定目标消费群体。网上购物的两大主流是学生和白领，网店的目标消费群体也就可以确定为这两类人。其次要考虑产品自身的特点：体积小，方便运输；具备独特性或时尚性；价格较合理；通过网站了解就可以激起客户的购买欲；线下没有，只有在网店才能买到。只有这样，你的产品才具有一定的优势。

（2）店铺定位

在了解网店适合销售的产品后，需要对自己的店铺进行定位。在众多合适的产品中，究竟我们自己适合销售哪些产品呢？

店铺的定位需要我们改变思维模式：挖掘自己——喜欢什么、擅长什么；创造定位——让店铺自己讲故事；改变产品——增添特色附加值。店铺定位可以从以下几个方面入手。

① 做特色——爱情主题、送礼主题和特定人群等，做此类店铺，可以选择别人做得较少的东西，这样才能做好、做精。

② 做稀缺——利用当地货源的优势，如西藏的首饰、新疆的葡萄干等。

③ 做整合——家居大卖场、IT 大卖场和化妆品大卖场。

④ 做平价——根据自己掌握的低价货源优势来选择产品，利用价格优势来打造自己的市场。

3．货源的选择

淘宝新卖家都有这样的体会：开店容易，货源难求。寻找优质的货源，一般通过以下两条途径：一是在互联网上寻找，二是在线下（传统市场）寻找。

（1）网上寻找货源

① 利用阿里巴巴、环球资源网、慧聪网等电子商务平台寻找货源。如阿里巴巴是汇集了众多产品供应商的大型平台，在此平台上我们能找到大量的供应商及其信息。

② 做电子商务网站的代理商。现在有很多的电子商务网站为了开拓市场，采取会员制营销手段，以招收代理会员销售本企业的产品，如凡客诚品、玛萨玛索、麦包包等电子商务网站都有招收代理商的业务。对于网店创业者来说，以上知名网站的产品更值得信赖。

③ 在 1688 淘货源平台寻找，如图 10-1 所示。和传统中间商概念基本相同，淘宝分销平台

有代销商和批发商。一般供货商将商品的品牌授予代销商，代销商有解释商品品牌信息的权力。供货商给出的价格都低于市场价格，为销售其商品创造了盈利空间，而且代销的商品价格可由代理商自定，或者代理商与供货商协定。网络批发商优越于传统批发商，因为其分销平台的批发都是在网络交易的过程中实现的，快速的现代物流节省了大量的运输成本，其优势是以往不可替代的。

图 10-1　1688 淘货源

（2）线下寻找货源

网店之所以有利润空间，成本低是关键。拥有了物美价廉的货源，网店就有了成功的基础。

① 批发商品。一是生产厂家批发。如果交易过程中需要大批量的某种商品，可以直接与生产厂家联系，这样既能保证商品的质量，价格又有相对优势。二是大型批发市场购买。如浙江义乌小商品城、辽宁沈阳五爱小商品批发市场等（全国大约有 50 个大型、有名气的专业批发市场），各地方也有一些批发市场，都可以在其中找到自己网店的货源。

② 买入品牌积压商品。一是有些品牌商的库存很多，可以较低廉的价格把这些库存包下来。二是关注市场变化，充分利用商品促销找到价格低廉的商品。

将上面较低价格购进的商品，再转手在网上卖掉，地域或时空差价就能获得较高的利润。

③ 外贸商品或国外商品。一是在外贸订单中的剩余商品（尾货），款式常常是第二年或现在最流行的，而价格比商场低很多，很受欢迎。虽数量不多（大多一种只有 1~3 件），但也能解决一部分货源。二是国外的世界一线品牌在换季或节日前夕打折处理，如果请在国外的亲戚或朋友代购到这些商品，在网上销售可有 10%~40% 的利润空间。

任务二 网上支付申请

任务引入

林琳是个追求个性的女孩儿，网上购物能够满足她对于新鲜、与众不同且物美价廉的商品的需求。足不出户挑到自己喜欢的个性商品，使林琳感受到了网上购物的便捷与乐趣。可是，选好商品后如何进行支付让林琳一时没了主意。她应该如何进行网上支付呢？

任务分析

林琳要想足不出户，坐在家中敲敲键盘、点点鼠标就能买到心仪的商品，这就需要进行网上支付。目前，网上支付有很多种方式，主要的几种是：支付宝、财富通、安付通、贝宝、快钱、收汇宝。如支付宝支持中国工商银行、中国农业银行、中国建设银行等多家银行的网上银行。

目前，符合业界标准的三种网上购物在线支付方式分别是：B2C 方式（企业对消费者的交易）、C2C 方式（消费者对消费者的交易）、B2B 方式（企业对企业的电子商务）。我们可以看出，B2C 和 C2C 是针对个人消费者的在线支付方式；而 B2B 是针对企业客户的在线支付方式。一般情况下，网上银行包括个人网上银行和企业网上银行，两者在实现功能、网上支付限额等方面存在很大差别，而且不同银行的网上银行也存在差别。

相关知识

1. 网上支付的概念

网上支付是指消费者、商家和网上银行之间使用安全的电子支付手段，利用电子现金、银行卡、电子支票等支付工具通过网络进行的货币支付或资金流转，从而完成支付的过程。

2. 网上支付的模式

网上支付的模式主要包括网上银行、电子钱包和第三方支付等。随着电子商务的发展，网上支付已经成为一种不可或缺的生活方式，越来越多的人选择利用各种网上支付手段来进行缴费、付款、转账、买卖基金等。

3. 第三方支付模式分析

电子商务网上支付模式中，使用"信任的第三方支付模式"比较常见和普及，因为第三方支付平台是在商家与消费者之间建立的一个公共可信任的中介。第三方支付模式满足了电子商务中商家和消费者对信誉和安全的要求，它的出现和发展说明该模式满足市场发展的必然需求。现以第三方支付模式为样本，简要分析其原理。

第三方支付模式的一般流程为：买方选购商品后，使用第三方支付平台提供的账户进行货款支付，第三方在收到代为保管的货款后，通知卖家货款到账，要求卖家发货；买方收到货物、检验商品并确认后，通知第三方支付平台付款；第三方平台将该款项转至卖家账户上。这一交易的实质是一种提供结算信用担保的中介服务方式。以 B2C 交易为例，其支付交易流程如图 10-2 所示。

① 买方在卖方网站选购商品，填写订购单。
② 买方选择第三方支付平台作为交易中介，用借记卡或信用卡将货款转到第三方账户。
③ 第三方支付平台通知卖方货款已到账，要求卖方发货。
④ 卖方发货，同时配送商品。
⑤ 买方收到商品，并通知第三方支付平台商品到货情况。
⑥ 第三方支付平台接到商品确认单，将货款转账给卖方。

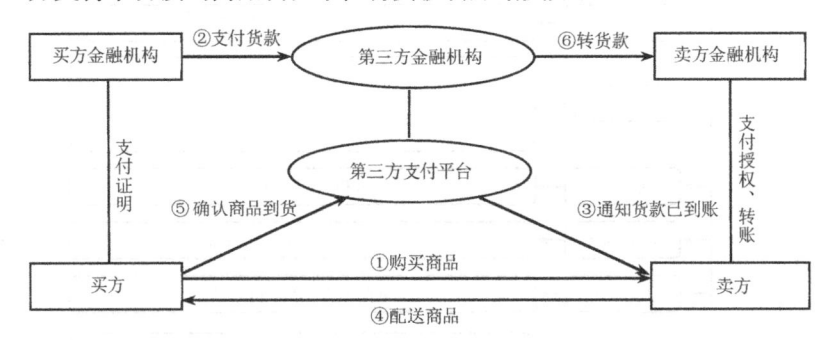

图 10-2 第三方支付平台参与的电子商务交易流程

任务实施

本次任务是网上银行的申请及使用，主要讲解以下三个要点。
- 掌握网上银行的申请步骤。
- 熟悉网上银行账务查询业务的功能。
- 掌握网上银行的支付、转账等功能。

以中国工商银行为例，中国工商银行分为企业网上银行和个人网上银行两种，它们在申请步骤、业务功能等方面存在一定的差别。

1. 中国工商银行企业网上银行的申请方式

① 阅读有关资料。仔细阅读《中国工商银行电子银行章程》《中国工商银行电子银行企业客户服务协议》及有关介绍材料。

② 准备申请资料。准备企业的营业执照、组织机构代码证、税务登记证、法人身份证、银行开户许可证、经办人身份证，填写《网上银行企业客户申请表》，签署《网上银行企业客户服务协议》。

③ 提交《网上银行企业客户申请表》《企业或集团外常用账户信息表》《企业贷款账户信息表》《客户证书信息表》和《分支机构信息表》，等待网点通过审核。应如实填写表中各项内容，加盖单位公章，并保证内容的真实性。特别应注意的是应准确填写联系地址，否则可能耽误申

请事宜。在收到申请表的两周之内，中国工商银行将通过电话、电子邮件或信函的方式给予客户答复。对于未通过中国工商银行审批的，申请材料原件将退还给客户。

④ 领取客户证书和密码信。

⑤ 安装安全控件和证书驱动程序。中国工商银行会将客户端安全代理软件发送给客户，客户可按安装说明下载并安装软件，中国工商银行还可为客户提供上门安装的服务。

⑥ 开通企业网上银行，即可正常使用了。企业网上银行具体功能如图 10-3 所示。

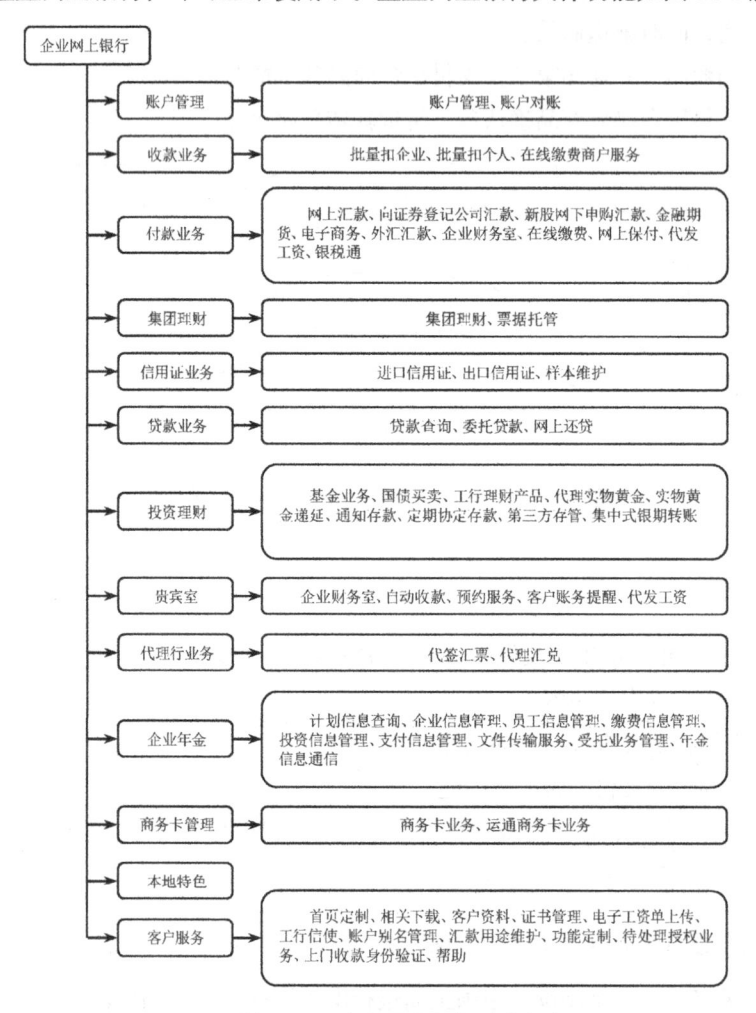

```
企业网上银行
├── 账户管理 → 账户管理、账户对账
├── 收款业务 → 批量扣企业、批量扣个人、在线缴费商户服务
├── 付款业务 → 网上汇款、向证券登记公司汇款、新股网下申购汇款、金融期货、电子商务、外汇汇款、企业财务室、在线缴费、网上保付、代发工资、银税通
├── 集团理财 → 集团理财、票据托管
├── 信用证业务 → 进口信用证、出口信用证、样本维护
├── 贷款业务 → 贷款查询、委托贷款、网上还贷
├── 投资理财 → 基金业务、国债买卖、工行理财产品、代理实物黄金、实物黄金递延、通知存款、定期协定存款、第三方存管、集中式银期转账
├── 贵宾室 → 企业财务室、自动收款、预约服务、客户账务提醒、代发工资
├── 代理行业务 → 代签汇票、代理汇兑
├── 企业年金 → 计划信息查询、企业信息管理、员工信息管理、缴费信息管理、投资信息管理、支付信息管理、文件传输服务、受托业务管理、年金信息通信
├── 商务卡管理 → 商务卡业务、运通商务卡业务
├── 本地特色
└── 客户服务 → 首页定制、相关下载、客户资料、证书管理、电子工资单上传、工行信使、账户别名管理、汇款用途维护、功能定制、待处理授权业务、上门收款身份验证、帮助
```

图 10-3 企业网上银行功能框架

2. 中国工商银行个人网上银行的申请方式

（1）网上自助注册

第一步：办理银行卡。持本人有效身份证件到中国工商银行营业网点办理银行卡。阅读《中国工商银行电子银行个人客户服务协议》和《中国工商银行个人网上银行交易规则》。

第二步：登录中国工商银行网址 http://www.icbc.com.cn，单击"个人网上银行登录"下的"注册"按钮。接受个人网上银行协议。

注意，注册卡号必须是中国工商银行的牡丹灵通卡、理财金账户卡、工银财富卡、信用卡、贷记卡、国际卡、商务卡，并且自助注册时每人只能注册一个账号（见图10-4）。

图 10-4　中国工商银行个人网上银行自助注册页面

第三步：填写个人网上银行注册资料，单击"提交"按钮，如图10-5所示。

要注意的是：预留验证信息是留在网上银行中的暗语，在登录或支付时会显示，这样可以用来辨别网站的真伪。注册卡/账户密码是用户手中的存折或者银行卡的密码，为六位数字；而登录密码是用户以后登录网上银行的密码，长度为6～30位，要有一定的复杂性，应避免与注册卡/账户密码相同。

第四步：注册确认。确认卡号无误后，单击"确定"按钮就完成了自助开通网上银行的操作，如图10-6所示。

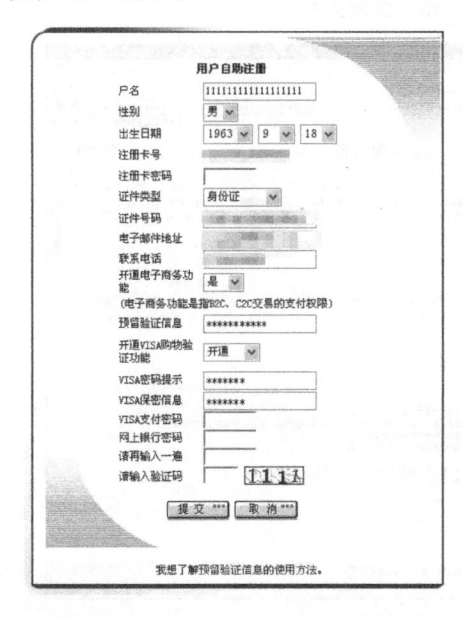

图 10-5　填写个人网上银行注册资料　　　图 10-6　自助注册确认

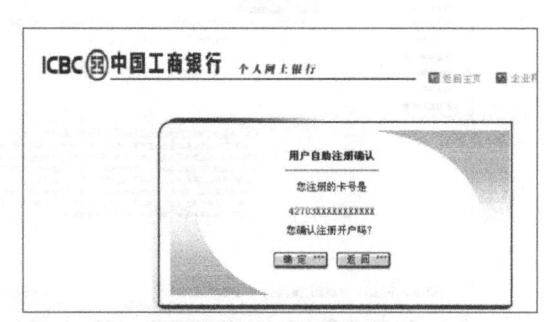

（2）柜台注册

自助注册的网上银行用户不能进行转账、汇款等操作，柜台注册的用户能够利用中国工商银行提供的更多的网上银行功能。在办理时用户需要带本人身份证和中国工商银行卡到网点办理开通服务，并在柜台签约成为中国工商银行网上银行的签约客户。

（3）中国工商银行个人网上银行的账户查询功能

申请到中国工商银行网上银行账号，即可登录网上银行。第一次使用中国工商银行网上银行，为了安全起见，登录时需要在计算机上安装安全控件，否则登录密码是无法输入的。另外，用户既可以利用银行卡号进行登录，也可以利用设置的用户名进行登录，以免出现忘记银行卡号而无法登录的问题，如图 10-7 所示。成功登录后就可以看到该账户网上银行首页的信息了，如图 10-8 所示。

图 10-7　工商银行网上银行登录页面

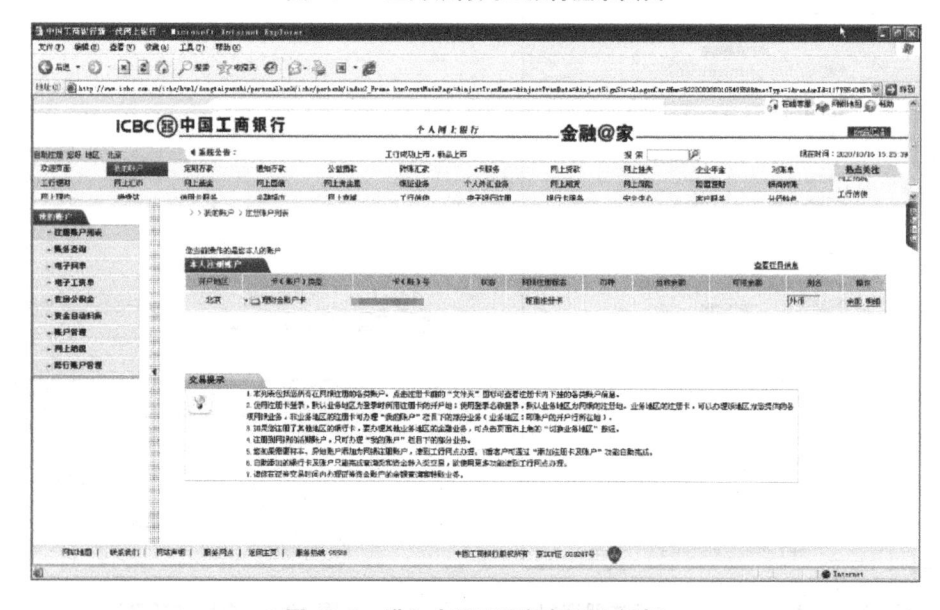

图 10-8　进入中国工商银行网上银行

要注意的是：登录到网上银行之后，单击页面菜单中的"欢迎页面"按钮，即可看到预留信息，如果预留信息与你所留信息不同，为安全起见要立即退出网上银行。

账务查询是中国工商银行网上银行的基本功能之一，包括基本信息查询、余额查询、明细查询、利息税查询等。

① 余额查询。单击左侧"账务查询"中的"余额查询"按钮，余额查询单中，选择好要查询的账户及下挂账户、币种等信息，单击"查询"按钮，就可以进行余额的查询了，如图10-9和图10-10所示。

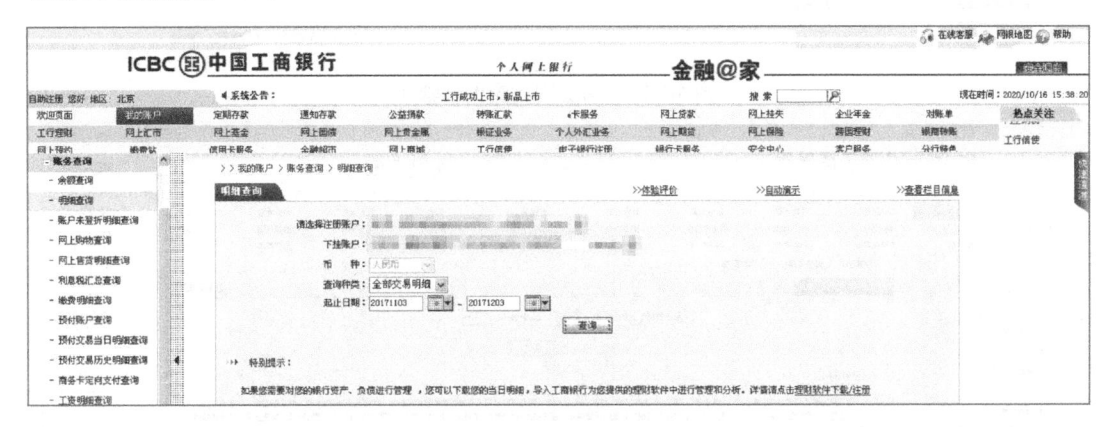

图10-9 余额查询步骤1

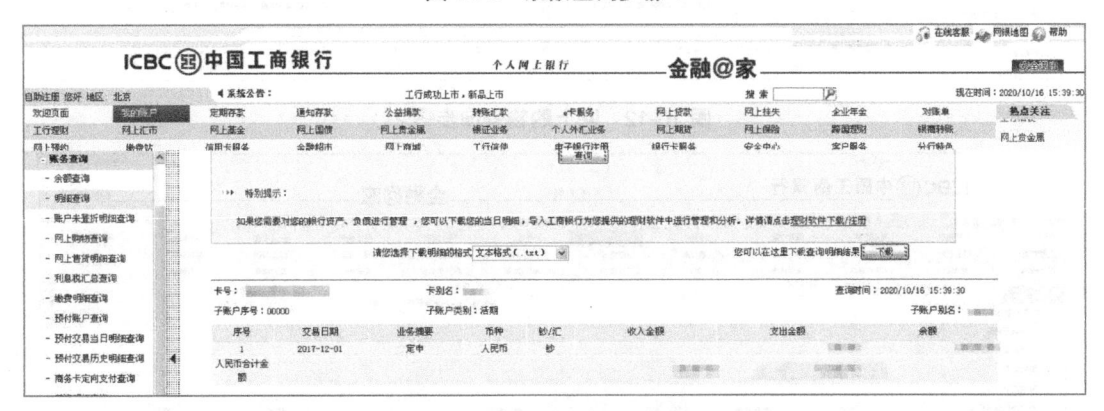

图10-10 余额查询步骤2

② 明细查询，包括账户当日明细查询、账户历史明细查询、账户未登折明细查询（账务明细未打印在存折上）、缴费明细查询、购物明细查询、电子工资单明细查询、利息税汇总查询等。尤其是电子工资单明细查询，对于那些工资直接打到中国工商银行卡上的用户来说是非常方便的，这样用户就能随时查询自己的工资发放情况，并能及时发现问题。网上购物查询的步骤和结果如图10-11和图10-12所示。

3. 注册账户转账汇款

中国工商银行还为用户提供了工行转账和跨行汇款的收费标准等，如图10-13所示。

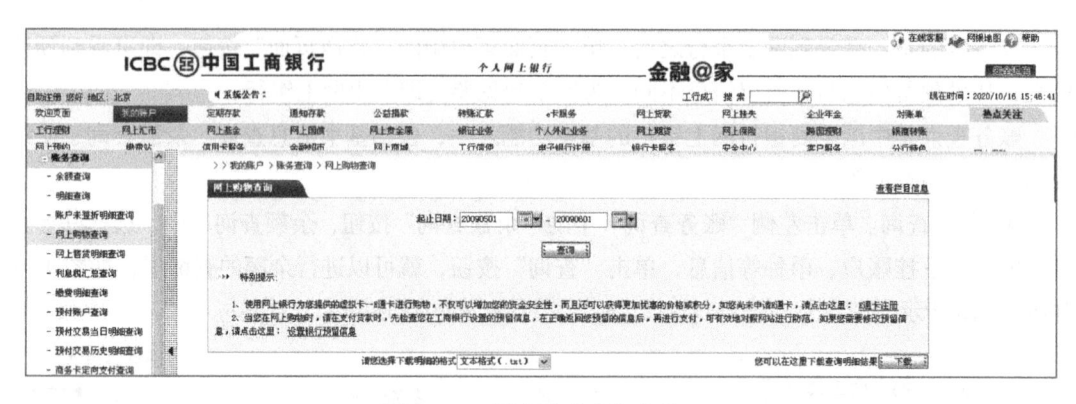

图 10-11　网上购物查询步骤 1

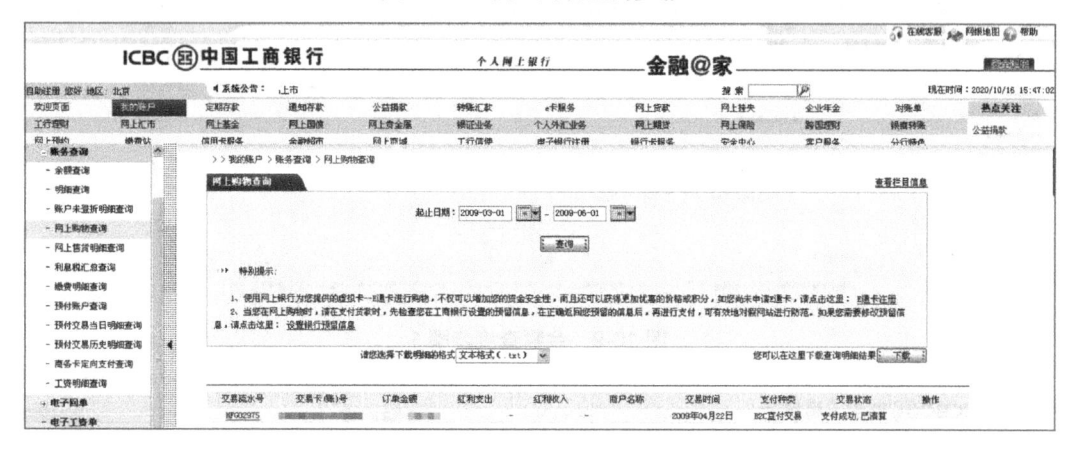

图 10-12　网上购物查询步骤 2

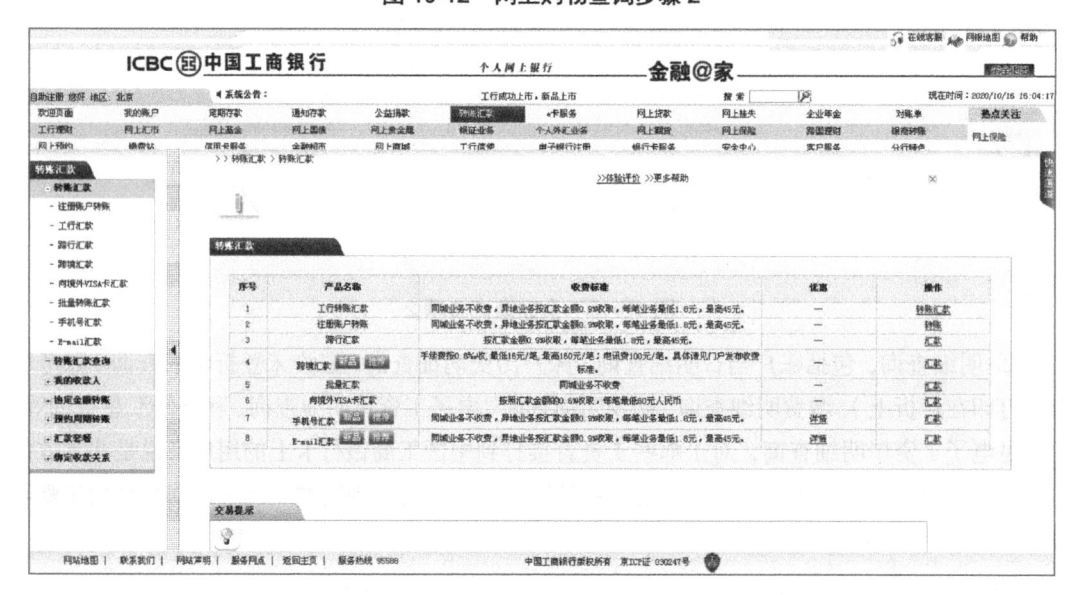

图 10-13　转账和汇款的收费标准

任务三　网上开店

任务引入

李明想要在网上开一家店铺，俗话说"女怕嫁错郎，男怕选错行"，作为网上开店创业的新手，选择什么样的平台，选好平台又该如何去操作是关键。下面我们帮助李明完成这个任务。

任务分析

淘宝网上的店铺成千上万，很多新开店的卖家都在问怎么推广自己的淘宝店铺和商品呢？首先要给新开的网店想个好店名，在网络中起什么店名才能较大程度地吸引买家光临，或给买家留下较深刻的印象呢？

相关知识

目前，以下四个平台能够提供免费网上开店服务。

1．淘宝网

淘宝网目前占据中国网购市场80%的市场份额，C2C市场占据80%以上市场份额。淘宝网拥有中国较大的消费者数据库，为淘宝网协助卖家对买家进行数据库营销、精准营销提供了极有利的前提条件。随着淘宝网的迅速发展，淘宝平台众多店铺之间的竞争也很强烈。

2．天猫网

天猫网成立于2008年4月，属阿里巴巴集团旗下业务，是中国较大的第三方品牌及零售平台。作为阿里巴巴全力打造的B2C交易平台，它整合了数千家品牌商、生产商，为商家和消费者之间交易提供一站式解决方案，提供100%品质保证的商品、7天无理由退货的售后服务，以及购物积分返现等优质服务。

3．京东商城

京东商城创办于2004年6月18日，京东商城的店铺类型有旗舰店、专卖店和专营店三种，旗舰店是指卖家以自有品牌或由权利人出具的在京东开放平台开设品牌旗舰店的独占授权文件，入驻京东开放平台开设的店铺；专卖店是指卖家持他人品牌授权文件在京东开放平台开设的店铺；专营店是指经营京东开放平台相同一级类目下两个及以上他人授权或自有品牌商品的店铺。

4．拼多多

拼多多成立于2015年9月，是一家专注于C2B拼团的第三方社交电商平台。用户通过发起和朋友、家人、邻居等的拼团，可以以更低的价格拼团购买优质商品。其中，通过沟通分享形成的社交理念，形成拼多多独特的新社交电商思维。

拼多多店铺包括个人店铺和企业店铺，拼多多入驻需要缴纳保证金。个人店铺虚拟类目保证金为 10 000 元，其他类目的店铺保证金均为 2000 元；企业店铺虚拟类目保证金为 10 000 元，其他类目的店铺保证金均为 1000 元。

总结：以上四个网上开店平台是目前中国主要的开店平台，它们都只要通过简单的身份认证就能开通自己的网上店铺。

淘宝网的流量是目前较大的、销量也是比较好的，但淘宝网的店铺量目前是较大的，竞争也是比较激烈的。如果是新开的店铺，没有信誉是很难做好销售的。

任务实施

以淘宝网为例，介绍网上开店的流程。

1. 用户注册

登录淘宝网 http://www.taobao.com 后单击页面右上方的"免费注册"按钮；在打开的页面中单击"同意协议"按钮，如图 10-14 所示。

第一步：进入填写账户信息页面，设置用户名。在打开的页面中，填写用户的手机号，如图 10-15 所示。如果是企业注册，可以选择企业账户注册。

图 10-14　免费注册　　　　　　　　　　图 10-15　填写账户信息

第二步：开店类型选择。选择"个人店铺"选项，单击"创建个人店铺"按钮，如图 10-16 所示。

图 10-16　开店类型选择

第三步：进入支付宝后台实名认证。单击"立即认证"按钮，如图 10-17 所示。

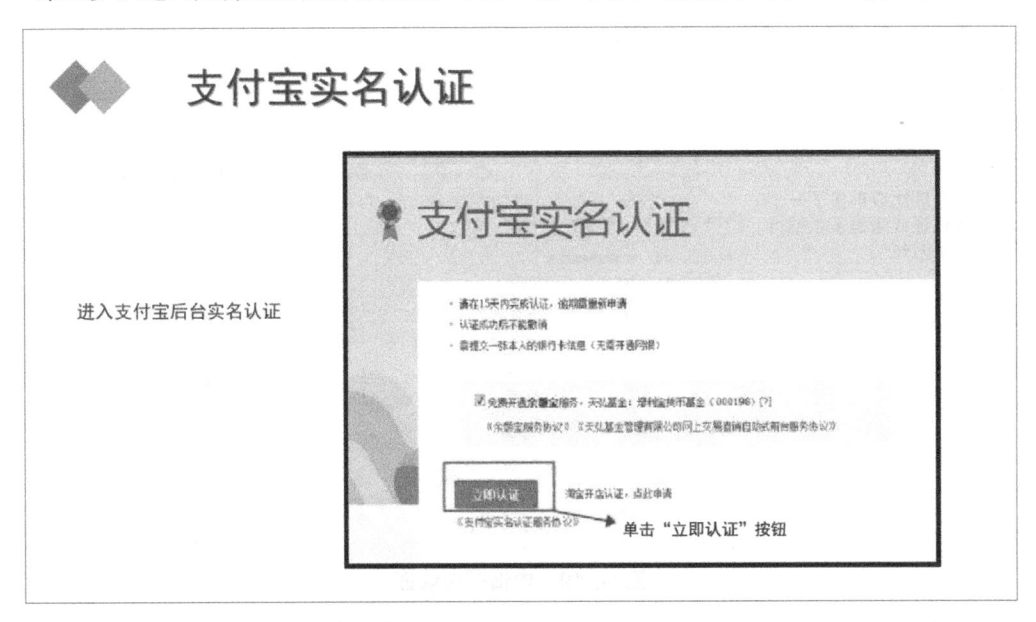

图 10-17　支付宝后台实名认证

第四步：填写身份信息认证银行卡，如图 10-18 所示。

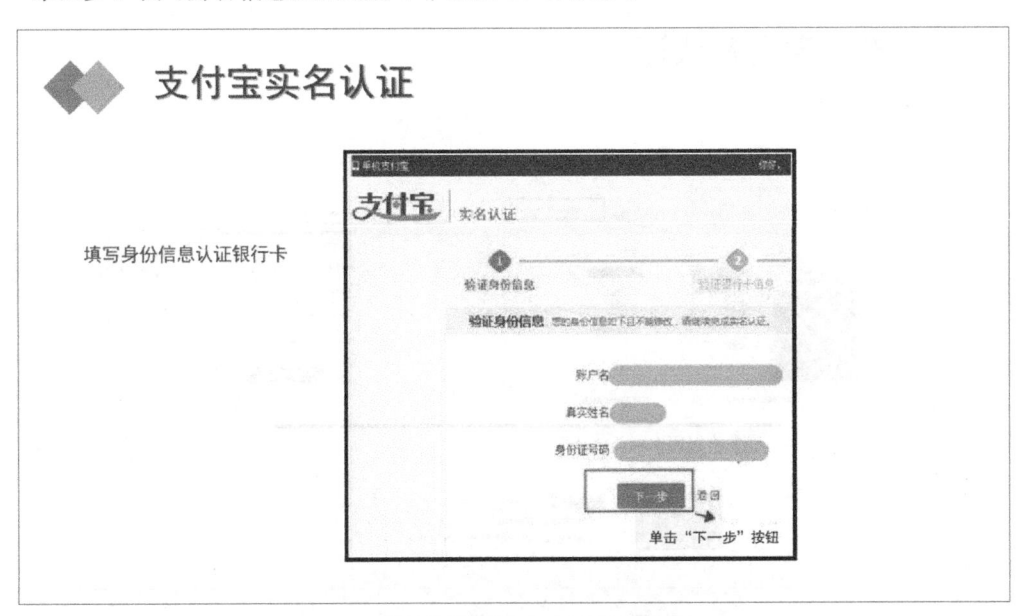

图 10-18　填写身份信息认证银行卡

第五步：输入支付宝给银行卡打款的账号，进行人脸认证或者多张银行卡认证，进入如图 10-19 所示的页面。

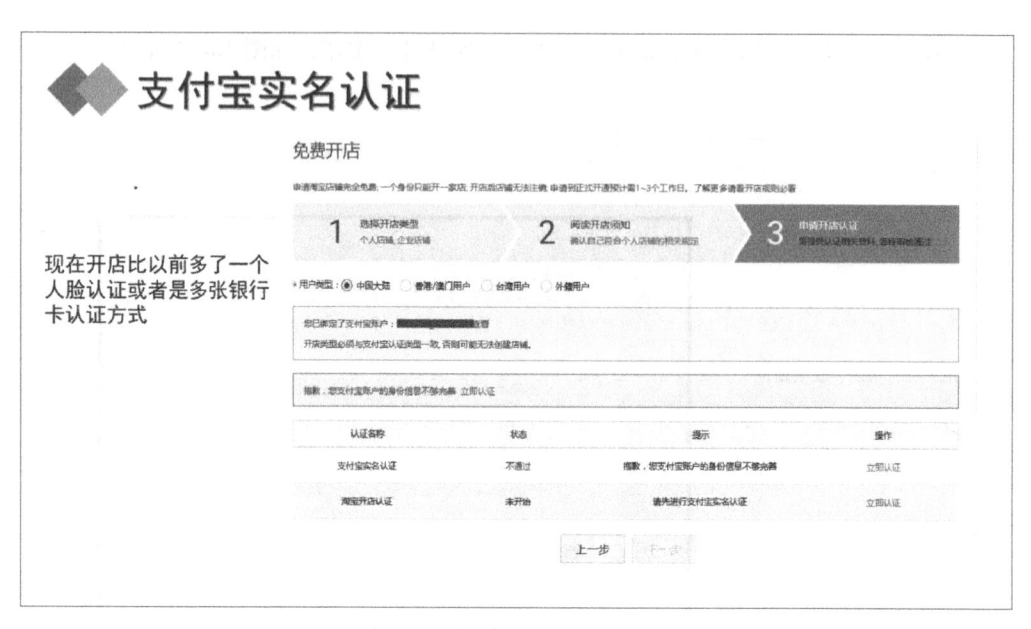

现在开店比以前多了一个人脸认证或者是多张银行卡认证方式

图 10-19　申请开店认证

第六步：进行支付宝实名认证，如图 10-20 所示。如果以前使用过支付宝，即出现支付宝实名认证通过，如图 10-21 所示。

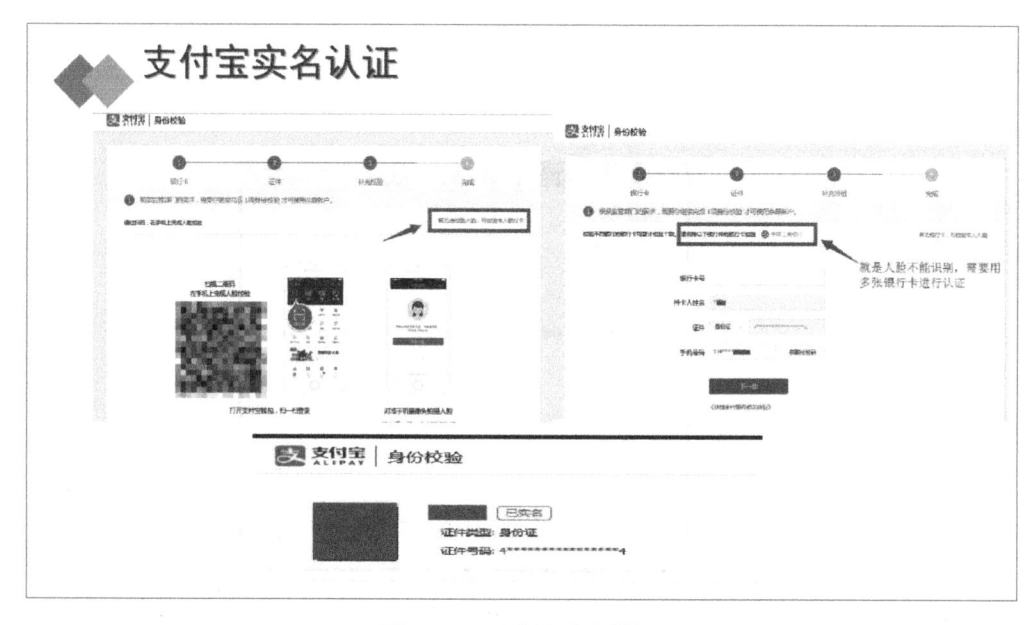

图 10-20　支付宝实名认证

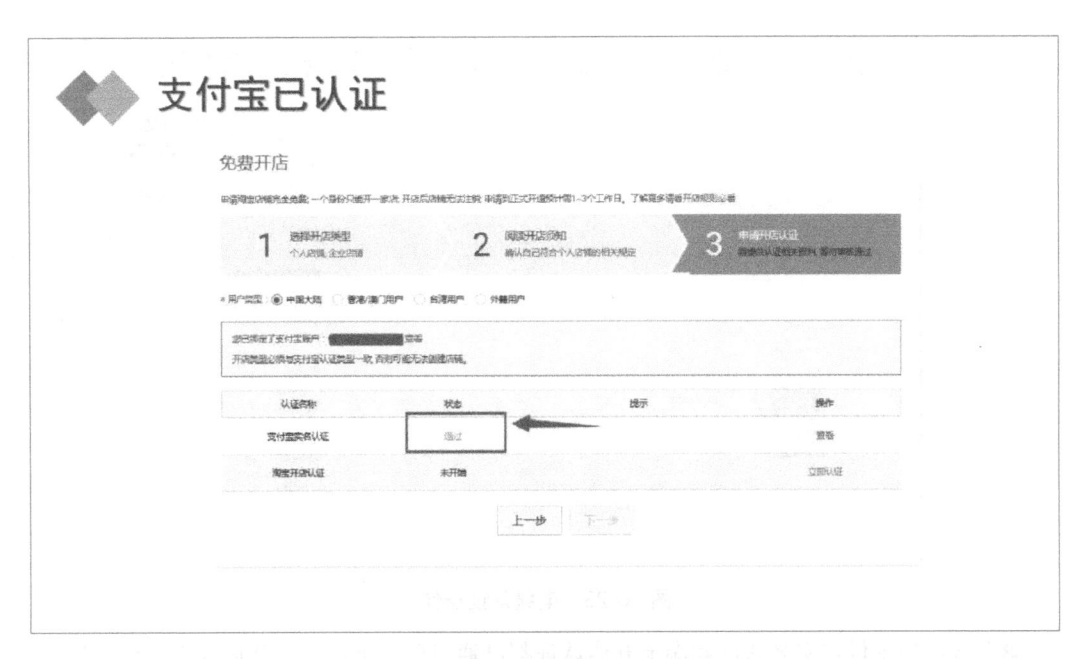

图 10-21 支付宝已认证

第七步：淘宝开店认证。淘宝开店认证分为电脑认证、手机淘宝客户端认证和阿里钱盾认证三种方式，我们选择电脑认证，单击"立即认证"按钮，如图 10-22 所示。

图 10-22 淘宝开店认证

第八步：进行电脑认证操作。上传身份证或实名认证，如图 10-23 所示。

图 10-23　电脑认证操作

第九步：当支付宝实名认证和淘宝开店认证都已通过后，单击"创建店铺"按钮，进入如图 10-24 所示的页面。

图 10-24　创建店铺

第十步：进入千牛卖家中心后台，如图 10-25 所示。

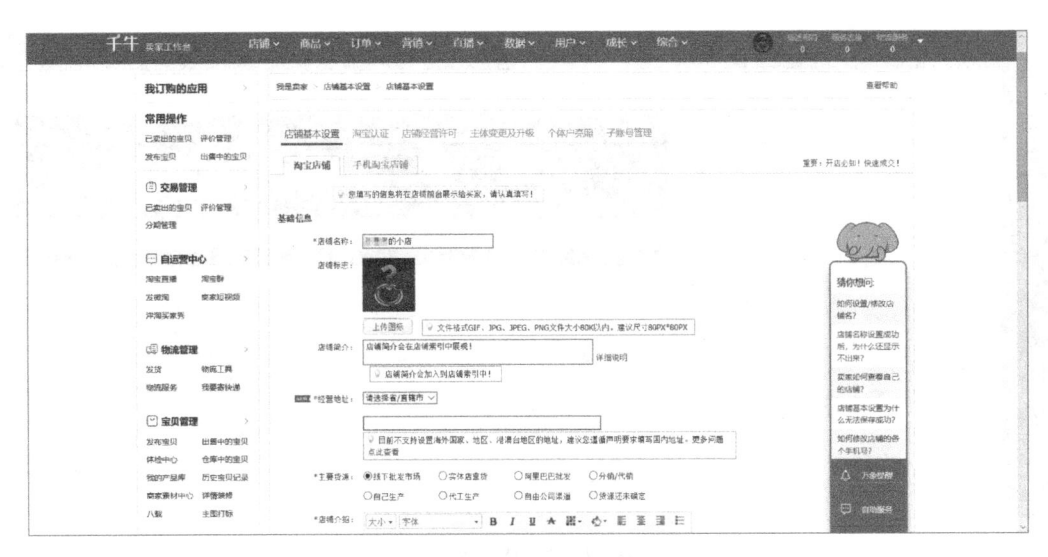

图 10-25 千牛卖家中心后台

2．设置店铺信息

单击"店铺管理"中的"店铺基本设置"按钮，填写店铺信息，如图 10-26 所示。

图 10-26 设置店铺基本信息

3．店铺装修

第一步，在千牛卖家中心的管理后台，选择"店铺管理"中"店铺装修"选项，选择 PC 端，打开首页中的装修页面，如图 10-27 所示。

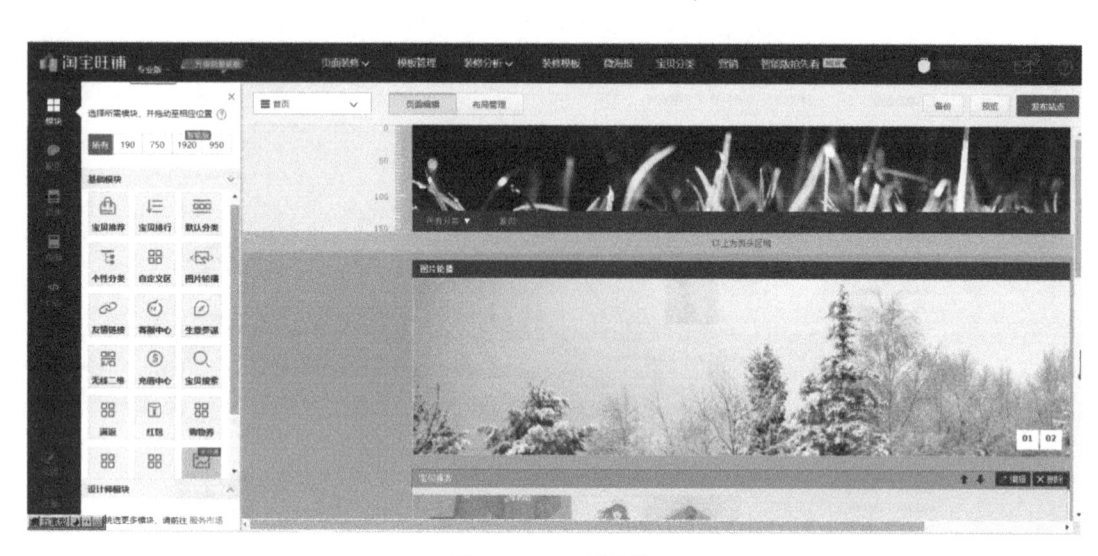

图 10-27　店铺装修

第二步，单击店铺招牌中的"编辑"按钮，打开店铺招牌的页面编辑，如图 10-28 所示。

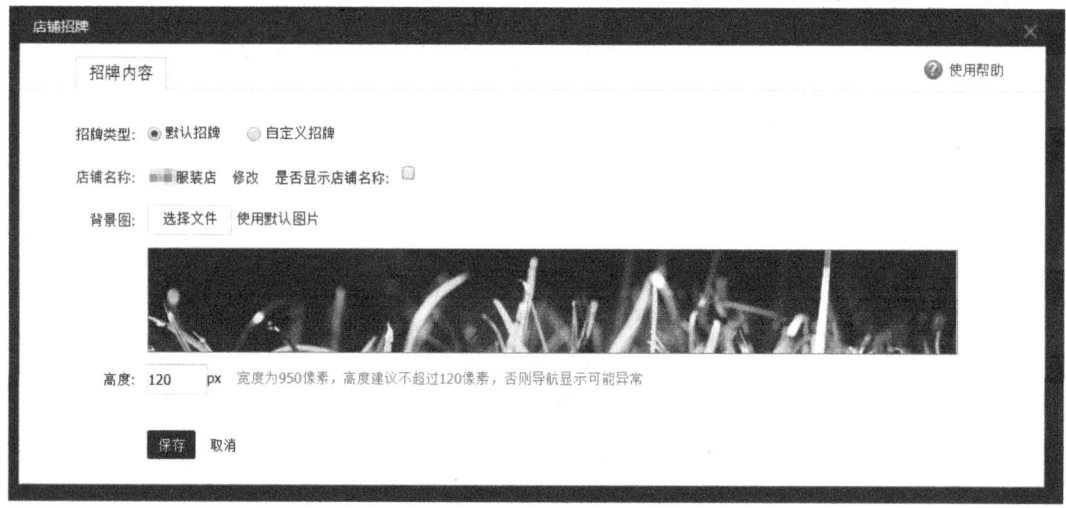

图 10-28　店铺招牌的页面编辑

第三步，事先把做好的店铺招牌图片存入图片空间（见图 10-29），单击"选择文件"按钮，将图片空间的店铺招牌图片上传到店铺中，单击"保存"按钮即可完成。

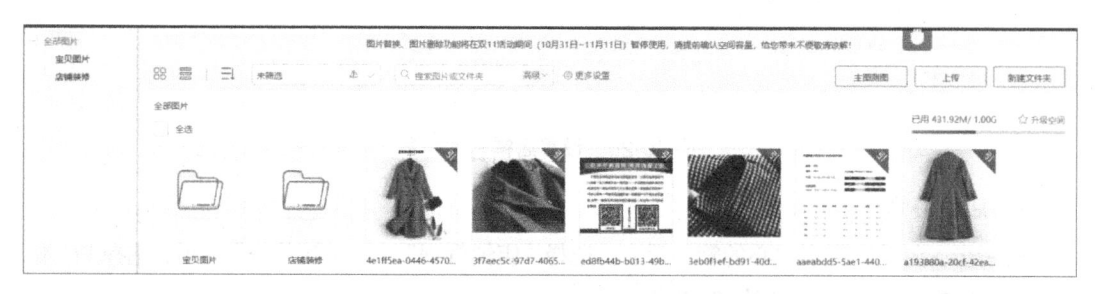

图 10-29　店铺招牌图片上传

第四步，按照店铺招牌图片上传的方法，上传三张轮播图到图片空间，上传三张图片后，单击"保存"按钮即可完成图片轮播的设置。

4．上传商品

第一步：在千牛卖家中心的后台选择"货源中心"选项，单击"批发进货"按钮，如图 10-30 所示。

图 10-30　千牛卖家中心后台

第二步：进入 1688 一件代发平台，选择代发商品，如图 10-31 所示。

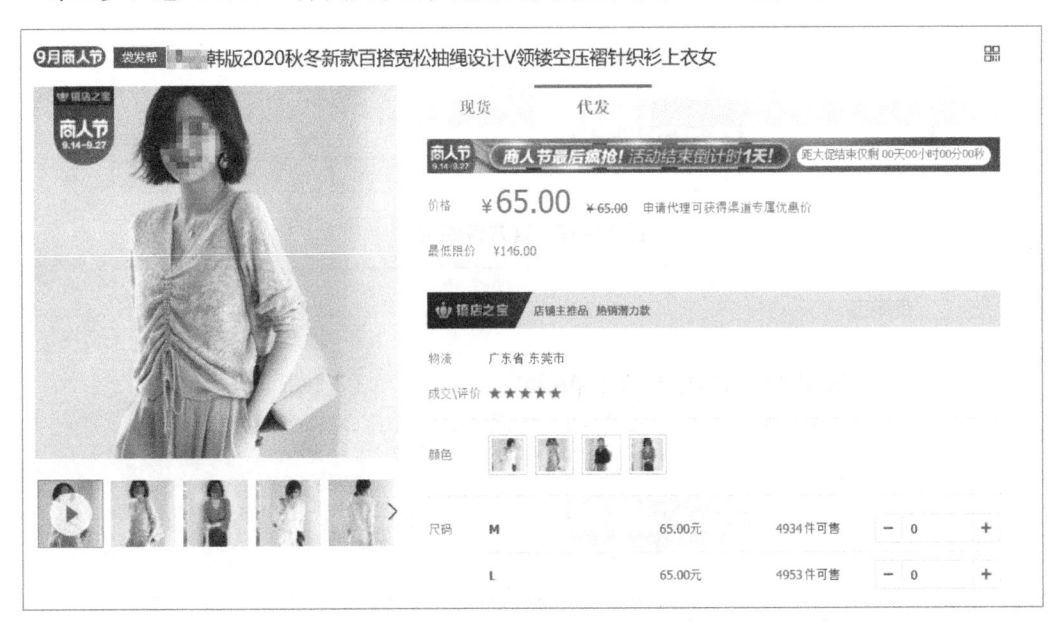

图 10-31　1688 一件代发平台

第三步：在一键铺货中单击"传淘宝"按钮，打开的页面如图 10-32 所示，单击"确认"按钮，出现如图 10-33 所示的页面。

图 10-32　官方传淘宝

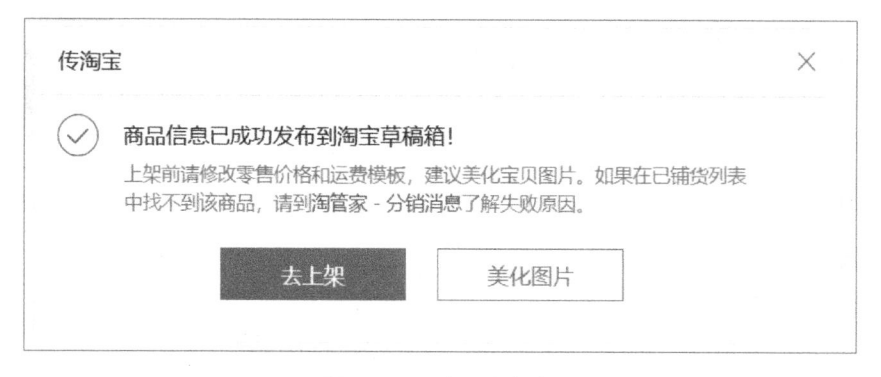

图 10-33　确认传淘宝

第四步：单击"去上架"按钮，出现如图 10-34 所示的页面。

图 10-34　立即上架

第五步：单击"立即上架"按钮，进入商品发布页面，如图 10-35 所示。

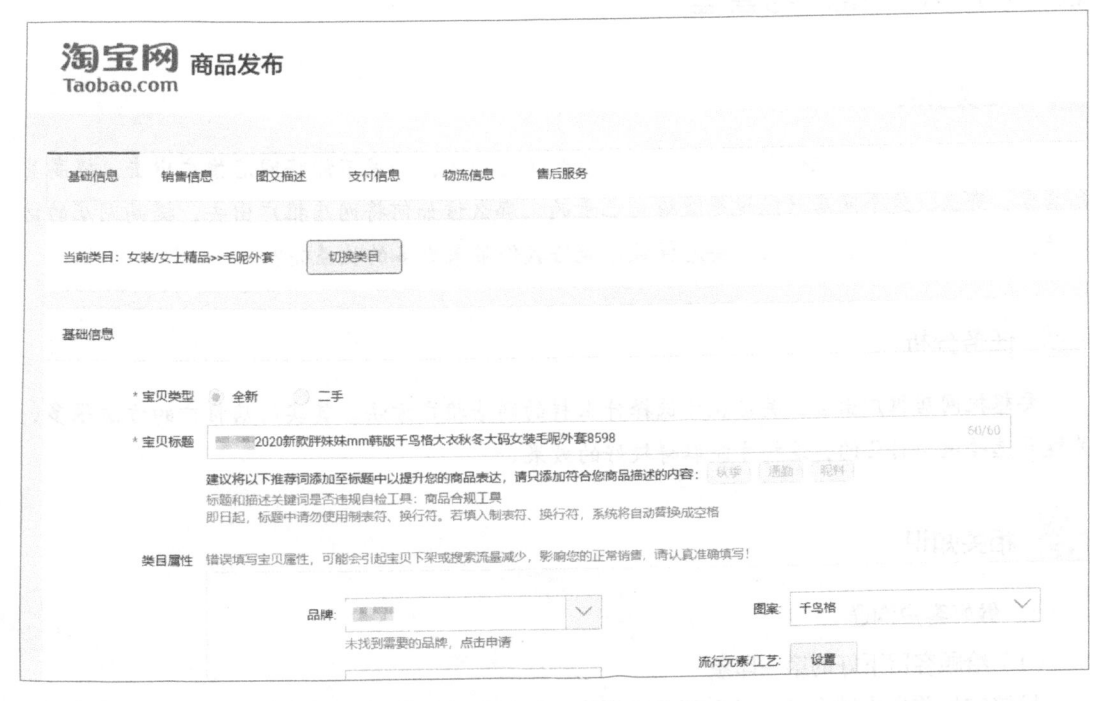

图 10-35　商品发布页面

第六步：填写表单，单击"提交宝贝信息"按钮，完成商品上传操作，如图 10-36 所示。

图 10-36　商品上传完成

任务四　网店推广与管理

任务引入

一个网店无论店铺做得多么完美，商品多么物美价廉，如果不能将网店推广出去，提高其知名度，那么，这个网店只能说是做给自己看的。那么该如何将网店推广出去，提高网店的访问量，吸引客户的眼球呢？网店要怎样做才能给我们带来更多的收益呢？

任务分析

要想把网店推广出去，关键在于选择什么样的网店推广方法。其实网店推广的方法很多，关键要选择适合自己的，这样才能取得较好的效果。

相关知识

1．做好客户沟通

（1）给顾客留下好的第一印象

推销宝贝前先推销自己，只有顾客认可你、相信你才能接受你所销售的宝贝，所以第一印象很重要。这个时候你需要的是专业和热心，因为即便没有信誉度的新手，只要对自己所销售的宝贝描述得足够专业，也会让顾客对你有基本的信任。而热心则能使顾客对你产生亲近感，愿意和你进一步地沟通交流。

（2）消除顾客的购买顾虑

网店是一种非面对面的销售，顾客在购买前对卖家的信誉度、对宝贝的质量、对售后服务都会有所顾虑，那就只能通过语言技巧与其沟通。有的顾客也许直接提出疑问，但有的顾客疑问只存在心里，而不直接提出来，所以应该针对两种不同类型的顾客分别去回答问题。

（3）如何与顾客谈价格

"太贵了。"如果有顾客这么说，那么有两种可能：一是商品价格超出了他的心理价位；二是想砍价。

对待第一种顾客，可以这么和顾客交流："呵呵，贵吗？×××元，很实在的价格，在商场要卖到×××元，您肯定不会花×××元买这个牌子的，呵呵（一定要加'呵呵'两个字，这表示你在开玩笑而不是挖苦顾客），快过年了，多花一点儿钱，买个称心又放心的宝贝，您觉得呢？"

如果得到顾客的认同，那可以继续谈价格。如果顾客确实接受不了，那不妨向顾客推荐他心理价位合适的商品。可以这样交流："要不您告诉我您的心理最低价格是多少，我帮您找找我的店铺有没有适合的商品，我也可以到别的店铺为您搜索一下。"

对待第二种顾客，那可是一项挑战了。顺便说一句，商品定价应该有个原则，不要高得离谱儿，也不要低得可怜。商品价格高得离谱儿自然无人问津；而价格太低，即使有顾客来光顾，也难逃被顾客砍价的命运。顾客即使知道淘宝网的价格已经很低了，但在生活中讨价还价已经成了一种习惯，除了想买到实惠的宝贝，其实也在享受砍价带来的那种成就感。但如果商品定价太低，没了砍价的空间，就等于剥夺了顾客享受成就感的机会，那成交的可能性也许就大大降低了。

报价也需要根据顾客类型来区分，对于购买欲强的顾客，交谈一到两次就可以商定下来价格，否则对方会觉得你不实在。"您看，这个宝贝我包邮，还满意吗？"得到否定的回答后，再让最后一步："最低价格×××元，实在不能再低了，我现在挣信誉比挣钱更重要，您应该能理解的。"

（4）顾客购买后应该进行安抚

顾客在拍下宝贝后，大多数会有价格是不是很合适、商品能不能及时发出、质量会不会保证等诸多问题，我们应该进行必要的安抚："感谢您的信任和支持，我会及时把商品发出的，到时候通知您发货单号，而且我也会追踪宝贝的行程。""呵呵，收到宝贝后，您自己满意了，别忘记给我介绍顾客啊。"

（5）如何对待未成交的潜在顾客

对待那些无论是因为价格原因、宝贝款式问题还是其他原因没有成交的潜在顾客，我们也不能冷落，因为对方光顾网店就是对自己的鼓励，询问就是对自己的信任，对于未成交的顾客，我们应该表示歉意："抱歉，这里没有您相中的宝贝，您可以再到别处看看，希望您能找到满意的宝贝，我也会为您留意的，如果找到，我一定通知您。""对不起，我的报价没能让您满意，但我确实不能再让了，愿意交您这个朋友，随时欢迎您的再次光临。"保持一颗平常心、一种平和的态度，即使没有把宝贝推销出去，也要让大家认可自己的为人，这样网店才能长久地经营下去。

（6）顾客确认前要做的沟通和得到评价后的感谢

只有等到顾客的确认和评价后，一次交易才算完成，沟通是为评价做铺垫的，感谢是为将来做打算的，良好的沟通会让顾客认真地评价，并写出精彩的评语（这个评语是其他顾客浏览宝贝时能看到的），对顾客发自内心的感谢，使对方有被重视、被需要的感觉，这样顾客也会真心地去写评语。"宝贝收到了吗？还满意吗？"对方认可后，"呵呵，宝贝和本人一样没问题的。呵呵，和您交易真愉快，挣了信誉，交了朋友，不挣钱也舒服。对了，您现在要是方便的话，您就帮我确认一下，然后给出您觉得合适的评价，谢谢哟！"在得到对方收货确认和好评后："再次感谢，您的评价写得太好了，真实地写出了自己的购物体验。呵呵，好的，您忙吧，有什么事情尽管盼咐我。"

（7）不定期的回访

不要忘记你的顾客，也不要让顾客忘记你，一次交易的完成不代表销售的结束，而是下一次交易的开始。对成交顾客要定期回访、节日祝福，淘宝网对买家的优惠活动、自己找到的一些有关宝贝的保养知识与搭配技巧等，都是回访的理由。

2．做好售后服务

在宝贝售出之后，除了会收到相应的售出提醒信息，还可以主动联系买家，要求买家支付货款，进行发货及交易完成后的评价或投诉等。

（1）查看已卖出的宝贝

如果有买家购买宝贝，淘宝网会通过阿里旺旺、电子邮件等方式通知卖家。卖家也可以登录淘宝网，打开"我的淘宝—我是卖家—已卖出的宝贝"。在"联络买家"区域单击"给我留言"按钮就可以通过阿里旺旺给买家留言。如果买家没有使用阿里旺旺，也可以记下买家ID，然后发送站内信件。

（2）联系交易事宜

买卖双方联系之后，约定货款支付、发货方式。为了保证买卖双方的利益，货款支付方式建议选择支付宝支付。

（3）付款与发货

为了避免出现货到不付款的情况，卖家在卖宝贝的时候一般采用"款到发货"方式。

首先要求买家付款，一般通过支付宝支付。支付货款之后，卖家可以打开"我的淘宝—我是卖家—已卖出的宝贝"中查询，如果发现交易状态显示为"买家已付款，等待卖家发货"，说明支付宝已经收到货款，这个时候卖家就可以放心发货给买家。

买家在收到卖家的货物后，在交易状态中进行确认，最后淘宝网就会打款到卖家的支付宝账户中。这样，就完成了交易。值得注意的一点是，交易完成后还要和买家保持联系，这样可以增加买家再次访问你的网店、购买宝贝的机会。

（4）评价与投诉

在交易完成之后，买家和卖家都可以打开"我的淘宝"进行评价，卖家可以打开"我的淘宝—我是卖家—已卖出的宝贝"，在卖出的宝贝中单击"评价"，根据实际情况选择好评、中评或差评，还可以输入文字评论。

虽然网上开店零成本、低风险，但是一笔买卖也没做成就"关门大吉"的例子比比皆是。要让自己的网店在网上得以生存最重要的一点就是"诚信"，只有诚信才能赢得买家的心，获得良好的信用评价，这样网店才能发展壮大起来。

任务实施

1. 网店推广方法

（1）在各大搜索引擎中注册、登记

搜索引擎是一个进行信息检索和查询的专门网站，是许多访客查询网上信息和在网上冲浪的第一去处，所以在搜索引擎中注册店铺，是推广和宣传网店的首选方法。注册的搜索引擎数目越多，网店被访问的可能性就越大。

（2）在聊天室、BBS上发出邀请

很多人上网的一个主要目的就是交流，想交到更多的朋友，首先会去聊天室。在聊天室里，可以适时地向这些网友发出邀请，请他们访问网店，并谦虚地请他们给网店提出一些宝贵建议。同时在与他们聊天之际，可以把网店特色的内容大肆宣传一番，以引起网友们的兴趣和注意。

（3）在新闻组上发布你的网店

参加过网络新闻组的网友们可能经常在相关的新闻组讨论区中见到诸如"××网站今天正式开张""××网店最新商品上市了，增添了许多特色的商品""欢迎各位网友常到××网店做客"等信息，这其实就是这些网站或网店的站（店）主们在通过新闻组来宣传自己的主页。新闻组中的其他成员看到上述信息后，如果觉得有需要就会去访问网站或网店。

（4）邮件广告模式宣传

如果你手中有许多朋友或者客户的电子邮件地址，可以考虑利用电子邮件来通知他们来访。利用这种方法来宣传主页的关键之处在于要留心收集用户电子邮件的地址，你拥有的电子邮件数量越多，就意味着你的主页蕴藏着越大的访问量。你也可以利用邮件搜集工具，只要你输入关键字，就可以搜索到你想要的邮件，然后你可以利用邮件群发工具把网店的情况发送至这些邮箱。

（5）人脉推广

网店开张一般先告诉的是身边的亲戚、朋友，然后是在慢慢积累的生意中建立起来的老客户。老客户对你的服务满意、认可你的商品后，也会告诉他们的亲戚、朋友。于是通过这些亲朋好友和客户的一传十、十传百，就能给你的网店带来更多生意，赢得良好的口碑。

要在任何有条件的地方把能联系到你的网络寻呼机沟通平台都挂在网上，如通过QQ、MSN、阿里旺旺等软件对外进行沟通与交流，并起一个亲和力强、容易记忆、印象深刻的名字。最好再开通QQ会员，最大的好处就是可以增加好友名单及群名单中的排名，让别人第一眼就能看到你。

（6）友情链接

网店平台一般都有推荐窗口，或者在买家收藏了某种感兴趣的商品后，页面会自动跳转到同类商品的推荐页面。卖家也可以跟其他经营同类商品或配套商品的网店店主协商交换友情链接合作，将双方的网址互挂。这样在客户浏览其他网店的页面时，就很容易通过链接进入你的网店挑选商品，拓宽了客户渠道。

2. 网店管理

网店在各大电子商务网站的广告攻势下深入人心，要想提高网店的知名度与信誉度，使自己的网店能够长久地经营下去，要注重以下五个方面的内容。

（1）进货管理

对进货商品的品质、价格、数量进行控制，规范进货程序、财务数据。

（2）库存管理

库存数据要准确、实时更新，方便销售查询、进货补货、快递发货。

（3）图片管理

商品图片要及时上传，整体图片要版型好，细节图片要清晰，色差微小，感观强。

（4）销售管理

规范网络销售流程，熟悉商品，礼貌接待顾客，快捷回复顾客提出的问题；准确发货；随时关注出售中的宝贝数量；随时关注橱窗位使用情况；随时关注买家评价；定时关注店铺推荐宝贝；及时回复客户的反馈和投诉。

（5）发货管理

发货要及时、准确，保证顾客收到的货物完好。

技能训练

以××公司为例，帮助企业在阿里巴巴上注册一个网店，并在网店中上传企业的产品和服务信息，然后比较分析在淘宝网开设网店与在阿里巴巴开设网店的异同。

实训项目 11

企业商务网站的策划与优化

任务一 以营销思想为指导的网站策划与商务网站的设计

任务引入

李明所在的企业要建设电子商务网站,由李明编写策划书并进行网站设计。下面我们帮助李明完成这个任务。

任务分析

进入中国互联网络信息中心网站(http://www.cnnic.cn),了解《中国互联网络域名管理办法》,了解我国域名管理的基本政策法规。进入阿里云官网(https://www.aliyun.com),熟悉域名申请过程和收费标准。导入模拟软件平台,申请一个英文(或中文)域名,选择自己的模板,组合网站需要的服务内容,创建一个完整的企业网站。

相关知识

1. 几种常见的网站类型

电子商务网站因为针对的对象不同、企业的目标不同,网站的内容、功能及营销策略也会不同。在网站中所体现的网页数量有的有几十页,有的有几百万页。在网站的定位上、所能提供的服务上,也会千差万别。下面就介绍六种常见的网站类型。

(1) 电子商务门户网站

所谓的门户网站,是指通向某类综合性互联网信息资源并提供有关信息服务的应用系统。门户网站主要提供新闻、搜索引擎、网络接入、聊天室、电子公告牌、免费邮箱、影音资讯、电子商务、网络社区、网络游戏、免费网页空间等。网易（http://www.163.com）、搜狐（http://www.sohu.com）、新浪（http://www.sina.com.cn）都是门户网站。

（2）电子商务宣传网站

我国的企业网站多数都属于此类模式，其目的是介绍企业产品、宣传企业形象、提供产品服务。当然，这也是企业进行网络营销的基本工具。

这种网站模式建站快、投资少，但是功能有限，不能进行网上交易，网络营销具有一定的局限性。

（3）电子商务交易网站

此类网站不仅能向用户提供产品信息，还可以在网站上进行商务交易活动。以前我们常以网上商店来统称这种网站模式，如戴尔公司的网上交易模式，其交易方式是买方在网上订货，然后将款项汇入戴尔公司的账户，戴尔公司将产品邮寄给买方。在这种方式下，买方及卖方的利益都得不到充分的保障，使网上交易一直是一种可看而不可求的模式。现在在中国网络电子商务贸易平台上，阿里巴巴旗下的淘宝网及易趣网等，都采用支付宝、安付通等第三方交易工具，使企业网上交易变得安全易行，买方及卖方的利益均得到了保障。

（4）电子商务中介网站

电子商务中介网站一般是企业本身没有产品，而是提供贸易平台，让其他企业或个人到其网络平台上建站或进行网络交易，中介网站向他们收取中介费、空间租用费、服务费或银行利息费。

（5）电子商务行业网站

电子商务行业网站一般提供同一行业的企业信息和产品信息，方便同一行业间进行业务交流和信息传递，如中国农业网、电子产品世界等。

（6）电子商务企业内部网（企业内部信息管理系统）

电子商务企业内部网一般用于企业的内部管理、组织生产、内部信息发布、信息传递、员工之间的交流等。电子商务企业内部网的开发和使用使企业的管理走向正规化、科学化，大大地节省了人力、物力资源，充分调动了有效的资源。

2. 电子商务网站规划

（1）网站的定位

企业网站的定位是网站建设的关键，要结合企业的长远利益，因此企业应当制订短期和长期的盈利计划，寻找电子商务的经济支撑点，把握目标客户群，分析网络上的竞争对手，分析企业网站的优势，明确企业网站的目标、类型、用户群等。

（2）电子商务网站策划书的编写

网站策划主要是对网站建设中所需的技术、资料、时间、内容、费用、设计、测试及维护等做出全面的规划，以保证网站建设能够顺利进行。网站策划书是创建网站的纲领性文件，是科学实施网站建设的依据，所以网站策划书必须全面、科学、合理、实事求是。网站策划书主要包括以下内容：网站建设前的可行性分析；网站实现的功能及目标；网站技术支持解决方案；

时间计划；费用计划；网站内容风格规划；网页设计及程序设计；网站测试；网站维护；网站管理；网站发布和推广；人员培训。

3．电子商务网站运行环境

（1）企业硬件环境

网站建设的方式包括自建服务器、租赁主页空间、服务器托管、虚拟主机和 ASP 外包等方式。企业应根据自己的情况，如经济能力、技术能力、管理能力等选择不同的方式，所展现出的硬件环境会有所不同。

（2）企业软件环境

软件环境是建立在硬件环境基础上的，用于管理服务器及网站的程序及操作系统。

企业服务器可以选择的网络操作系统主要有 Windows 2000 Server（Windows 2003 Server）、UNIX 操作系统、Linux 操作系统等。

电子商务网站一般都带有后台数据库，数据库主要用于存储会员信息、商品信息、交易信息、用户留言等内容。网络数据库对于企业有很重要的作用：一是数据库存储大量的会员信息，对于企业开展业务有着很大的帮助；二是可以在网站内做定向筛选或检索；三是资源被有效地分类和标识，存取的效率比较高。

4．网页设计

（1）优秀电子商务网页的特点

在网页设计的过程中，一个好的创意有可能使一个网站为之闪亮，成为吸引人眼球的优秀网页。大多数优秀网页来源于良好的规划和用心的设计，以下是优秀网页的特点：网站导航信息清楚；页面内容丰富；网页版面布局合理，内容紧凑；页面内容丰富，更新速度快；能够准确收集反馈用户信息；站点易于被搜索引擎搜索；网络营销手段的合理应用；站点支持多种互联网工具；有明确的主题风格。

（2）网站制作技术

网站制作技术有很多，主要分为静态网页的制作和动态网页的制作。

① 静态网页的制作。静态网页不是指网页中没有动画效果，而是相对于动态网页而言的，它没有后台数据库、不含用于浏览网页的用户与企业的交互内容的程序及页面，适用于一般更新较少的展示型网站。

② 动态网页的制作。动态网页以数据库技术为基础，采用动态网页技术，可以实现更多的功能，如用户注册、用户登录、在线调查、用户管理、订单管理等，并且可以大大降低网站维护的工作量。

（3）域名申请与 ISP 选择

域名是企业或机构在互联网上注册的名称，是互联网上企业或机构间相互联络的网络地址。企业要想在网上发布网站及信息，首先必须注册自己的域名，只有有了自己的域名才能通过网络的域名解析服务，让别人访问企业的网站。所以，域名注册是在互联网上建立网站服务的基础，域名具有唯一性。

ISP 的全称为 Internet Service Provider，即互联网服务提供商，就是指从事互联网网络服务业务的单位，即提供拨号上网服务的公司，包括互联网接入服务和互联网内容提供服务。

任务实施

1. 中国互联网络信息中心网站

① 双击 IE，连接互联网，在地址栏中输入 http://www.cnnic.cn，按 Enter 键进入中国互联网络信息中心网站首页（见图 11-1）。

② 在"公众服务"下的"政策法规"中查看"中国互联网络域名管理办法"（见图 11-2）。

③ 阅读并了解"中国互联网络域名管理办法"。

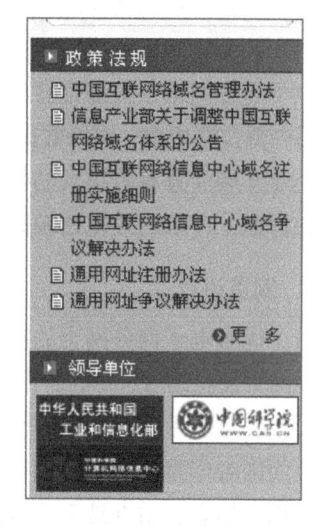

图 11-1　中国互联网络信息中心网站首页　　　图 11-2　中国互联网络域名管理办法

2. 阿里云

① 双击 IE，连接互联网，在地址栏中输入 https://www.aliyun.com，按 Enter 键进入阿里云首页（见图 11-3）。

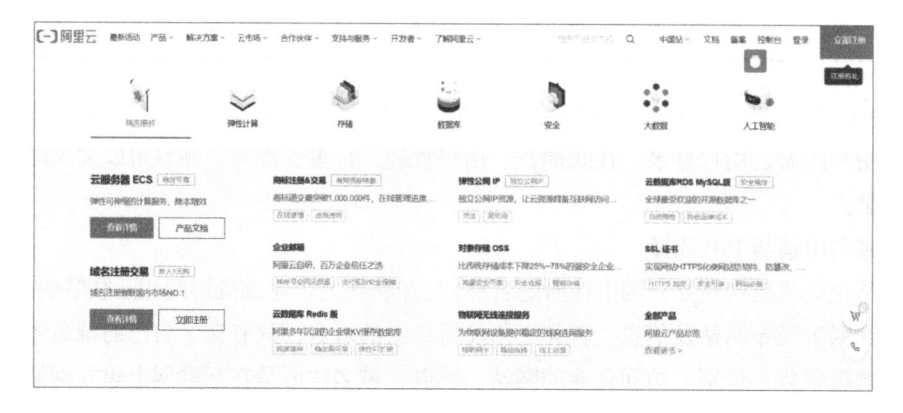

图 11-3　阿里云首页

② 单击"域名注册交易"按钮,进入阿里云旗下品牌万网首页,如图11-4所示。

图11-4 万网首页

③ 选择"域名"选项,在注册查询框中输入要注册的域名,单击"查域名"按钮,搜索域名是否重复,如果不重复,即可进入如图11-5所示的页面进行选择。

图11-5 域名选择页面

④ 选择好域名后进行注册商标并缴费(见图11-6)。

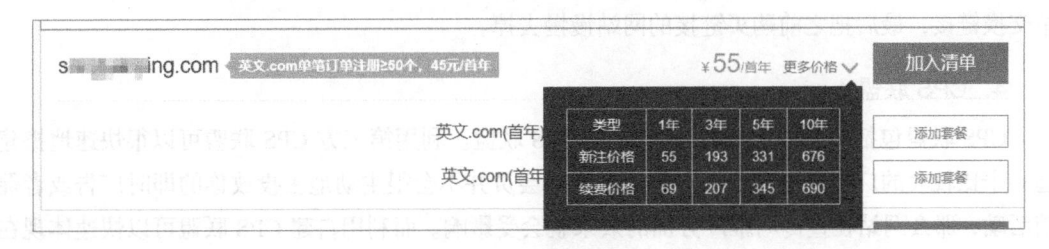

图11-6 注册并缴费

任务二　企业网站推广

任务引入

李明所在的企业为了拓展企业产品的营销渠道，建设了企业网站，接下来应该采用什么方法将企业网站进行优化和推广呢？下面我们帮助李明完成这个任务。

任务分析

电子商务网站推广是企业通过网站的形式拓展产品的营销渠道的一种重要的推广方法，目前网站推广的方法有 SEO 优化、问答式社区、提高 PR 值、CPS 联盟、付费搜索引擎、论坛推广、新闻与软文推广、邮件营销等多种方法。

相关知识

这里介绍电子商务网站推广的十三种方法。

1. SEO 优化

SEO 优化是性价比较高的推广方式，在网站建设的前期就要对整个网站的 SEO 做整体的优化，把关键词特别是一些长尾词布局到每个产品页面里。

2. 问答式社区

问答式社区主要是利用多的长尾关键词效应带来流量。目前问答式社区较好的平台有百度知道、天涯问答、新浪爱问、SOSO 问问。其中百度知道和天涯问答可以直接带来流量，而新浪爱问和 SOSO 问问就比较适合做品牌知名度的推广。百度知道在做的时候要注意技巧，要懂得它的规则。而天涯问答，对于问答的规则条件要求相对宽松。

3. 提高 PR 值

PR 值对于一个电子商务网站来说是非常重要的，PR 值的高低表示着搜索引擎对该网站的权重。同时，PR 值也间接给网站带来流量。而对于提高 PR 值的做法是要找 PR 值高的网站来做友情链接，最直接同时也是最快速的办法就是利用购买链接的办法，如在谷歌 PR 值更新之前一次性把 PR 值提高，然后利用提高了的 PR 值去跟与自己 PR 值相等或比自己 PR 值高的网站交换链接，最后把之前购买链接的网站慢慢去掉。

4. CPS 联盟

CPS 联盟包括第三方 CPS 联盟和自建 CPS 联盟。利用第三方 CPS 联盟可以很快速地搭建起一个比较大的广告宣传联盟，但是这些联盟会员并不会很主动地去投放你的即时广告或者促销活动，那么网站在宣传与推广方面的效果就会受影响。而利用自建 CPS 联盟可以快速体现在促销活动中，对于整个网站有很好的帮助作用。同时，由于是自建的 CPS 联盟，在与这些会员打交道的时候比较容易沟通。

5. 付费搜索引擎

付费搜索引擎是任何一家电子商务公司都无法避免的一种网站推广方法,因为目前使用搜索引擎进行信息查找的人数实在太多了。即便目前已经做得比较不错的京东商城和卓越网都还在使用付费搜索引擎,而且资金投入并不小。使用付费搜索引擎的技巧是尽量加大使用泛关键词和长尾关键词的投放量,尽量使用竞争热门的关键词。

6. 比较购物网站、导购和折扣类网站

比较购物网站、导购和折扣类网站这三者的区别在于:比较购物网站会返现给会员;而导购网站会更多地进行一些商家信息的发布,还有会员购物心得的分享;折扣类网站则会发布商家促销信息和优惠券。而它们的共同点就是它们都集中了一群有购物需求且对网络购物这种消费模式比较认可的人。通过与比较购物网站的合作,让利于一些会员,可以起到提高网站的知名度和增加销量的作用。利用一些比较成熟的客户把自己的购物体验发布到一些导购网站,可以起到口碑传播的效果。同时,还可以跟这些比较购物网站、导购和折扣类网站联合搞促销活动,并通过发放优惠券来吸引更多的客户到网站上进行购物。

7. 论坛推广

论坛推广除软文之外,还可以联系这些论坛的负责人联合举办一些活动,或者通过他们的活动进行优惠券的发放,也可以赞助一些奖品给他们搞站内活动。如果有可能的话,还可以在论坛上专门设置一个属于自己商城的版块。同时,在论坛推广中可以加入一些文字链接的广告。最后,在资金允许的情况下可以投放硬广告。

8. 新闻与软文推广

新闻投放的原则是为了让自己的促销活动和形象能起到轰动效应,那么在写新闻的时候坚持抓住事件和促销活动的重点,同时还要根据自己网站的差异化来让客户理解你的品牌和服务与同行的不同之处,让客户在心中接受你。对于新闻的投放,要坚持长期的原则,因为新闻的推广是一项长期的工作,效果有缓存性,所以单靠一两次的投放并不会起到很好的效果。而对于软文的推广,主要是通过一些论坛的软文发布,大多涉及的是产品促销、推广经验的分享、事件的炒作等。而对于各种类型的软文要选择不一样的发布平台,因为好的软文也需要符合平台的规范才能够很好地发布出去,才会更好地传播。如果有可能的话,网站可以利用一些比较好的平台做一些宣传专题,那么宣传效果就可以增强好几倍。

9. 异业合作

异业合作可以扩大自己的推广渠道,因为与异业合作的时候,大家的客户是重叠的,那么两者的互换合作就可以把这些大家共有的消费者联系到一起了,同时也可以提升自己的品牌影响力,有的时候可以为自己的促销活动带来一些比较好的资源。

10. 网址导航站推广

目前，网址导航站的影响力还是很大的。在这些导航站上挂上自己的网站名称，可以给网站带来一定的流量。而一些比较小的网址导航站可以通过互换链接的形式来进行推广，多整合一些免费的网址导航站，那么最后体现出来的推广的规模效应是单独一个网址导航所不能带来的。

11. 邮件营销

邮件营销包括站内邮件营销与站外邮件营销。站内邮件是当会员基数达到一定的程度之后采取的一种手法，主要目的是让会员进行重复购买；站外邮件营销主要是为了带来新的客户，这部分付出的人力可能大一些。对邮箱地址的收集，可以利用一些免费的邮件抓取软件，然后通过自己网站的邮件后台或者固定的账号向这些邮箱发送广告或促销信息。当然，这样的效果不会很显著，但只要达到一定的基数，那么它所带来的效果还是很不错的。

12. 抓住重要节假日搞促销活动

在国内，每个节假日都会有购物热潮，因此在电子商务这一块，我们同样也要有这样的意识，抓住时机，确定适合节日的活动主题，策划出别出心裁的促销活动，一定可以带来很好的效果。

13. 线下推广与区域战略

线下推广除了可以派发传单，还可以利用产品进驻一些社区或者商场进行现场促销。

任务实施

1. 网站推广目标

网络资源的最大优势在于快速、便捷、低廉、高效，且具有互动性。如今上网的人越来越多，信息传播面广、传播速度快——我们可以充分利用这些特点，打造一个完美的企业商务服务平台，通过有计划的市场营销推广策略，使商务网站深入"企业心"，成为企业开展电子商务活动的首选。

通过有效的网络营销活动，可以使商务网站实现网站开发和运营的初步期望，网站访问量稳步上升，会员注册数、网站美誉度和会员忠诚度均达到理想的要求。

2. 商务网站网络营销整体策划方案

（1）网络广告投放

较传统媒体而言，网络媒体的特点在于其全能性及在打造品牌和行销方面的力量。网络广告的载体基本上是多媒体、超文本格式的文件，如果受众对某种产品、某个企业感兴趣，只需轻点鼠标就能进一步了解更多和更为详细、生动的信息，从而使客户能亲身"体验"产品、服务与品牌，让客户如身临其境般感受产品或服务，因此，网络广告又具备强烈的交互性与感官性这一优势。

网络广告是资金投入较大、效果较明显的网站推广方式之一。广告投放对象的选择要符合网站访问群的特征,并根据网站不同推广阶段的需要进行调整。针对网站的特点,制订相应的网络广告投放计划。

① 广告投放对象:网络广告是吸引用户到企业网站了解企业文化和企业产品的一种形式,企业网站所面对的受众主要为企业决策人和公司企业市场部的负责人,他们是一群有魄力、有想法、热爱互联网、喜欢接受新事物、敢于尝试和接受挑战的精英人士。针对网站的受众特点,我们将网络广告投放对象选择为新闻、财经、商务、企业黄页、资讯网站、导航网站、地方门户网站等(见表11-1)。

表11-1 商务网站网络广告投放对象

类别	代表网站	受众说明	投放页面	点击率评估
三大门户网站	新浪、搜狐、网易	喜欢接受新事物、敢于尝试和接受挑战的精英人士	新闻、财经栏目页	1%~1.2%
地方门户资讯网站	上海热线、广州视窗	上海及华东地区区域经常上网的用户(含企业决策人和市场部的负责人)	网站首页,新闻、财经栏目页	0.8%~1%
行业资讯网站	慧聪商务、中国黄页	经常使用商务网站的企业人士	网站首页	1%~1.2%

② 广告投放方法:商务网站的网络广告投放分两个步骤来进行,整个网络广告以积分换取奖品为主线。

第一步:在商务网站发布之际,在各类目标网站投放"庆祝商务网站三期改版成功上线,注册会员,换取积分赢大奖"活动广告,吸引访客访问网站并注册成为会员。

第二步:分"中国较大的安全商务平台""沟通无极限""每天给你新订单"三个活动主题进行广告制作与投放,三个活动依次投放广告并开展活动(制作相应的广告页面,并引导访客访问商务网站的相关栏目和内容)。

投放周期:整个网络广告投放周期为三个月,其中前一个月投放"庆祝商务网站三期改版成功上线,注册会员,换取积分赢大奖"活动广告,后两个月依次投放"中国较大的安全商务平台""沟通无极限""每天给你新订单"活动广告。

广告形式:根据商务网站的网络广告投放需要,我们将设计规划多种广告形式进行广告投放,主要广告形式有漂浮广告、Banner广告、文字广告等(见表11-2)。

表11-2 商务网站网络广告投放方法

步骤	广告内容	广告形式	投放周期	投放网站	费用预算
1	庆祝商务网站三期改版成功上线,注册会员,换取积分赢大奖	横幅广告、Banner广告、弹出广告、漂浮广告	一个月	地方门户、新闻,财经频道与各行业网站	160 000元

续表

步骤	广告内容	广告形式	投放周期	投放网站	费用预算
2	中国较大的安全商务平台	Banner广告、漂浮广告、文字广告	20天	地方门户、新闻，财经频道与各行业网站	60 000元
3	沟通无极限	Banner广告、漂浮广告、文字广告	20天	地方门户、新闻，财经频道与各行业网站	50 000元
4	每天给你新订单	Banner广告、漂浮广告、文字广告	20天	地方门户、新闻，财经频道与各行业网站	50 000元

效果评估：通过第一个月的"庆祝商务网站三期改版成功上线，注册会员，换取积分赢大奖"活动广告投放，将吸引大量访客访问网站并注册成为商务网站的会员；紧接着投放的三个网站活动广告，将进一步吸引访客参与到网站的活动中来，各类活动开展得如火如荼，网站的知名度和访问量将进一步提升。红杉树品牌网站网络广告效果评估如表11-3所示。

表11-3 红杉树品牌网站网络广告效果评估

时间	广告投放内容	广告显示数	广告点击数	网站访问量	注册会员数
第一个月	庆祝商务网站三期改版成功上线，注册会员，换取积分赢大奖	150万次	1.5万~1.8万次	3万~5万IP 12万~20万PV	2000~3000人
第二个月	中国较大的安全商务平台、沟通无极限	80万次	0.8万~1.0万次	1.6万~2万IP 6万~10万PV	1500~2000人
第三个月	沟通无极限、每天给你新订单	80万次	0.8万~1.0万次	1.6万~2万IP 6万~10万PV	1500~2000人

（2）全面登录搜索引擎

确定网站关键词：访客只需要搜索相关关键词即可显示出网站地址，并能单击进入。根据网站特色，我们为其选定的关键词为：电子名片、商务名片、网络名片、企业名录、企业库、商务助手、电子政务、网络营销、网络顾问、企业顾问、商业、企业上网、新干线、上网新干线、科技、品牌等。基于上述关键词，准确描绘出商务网站的基本内容。

登录各大门户网站搜索引擎：门户网站搜索引擎是许多普通访客搜索和发现新网站的重要途径，将商务网站根据科学选定的关键词进行网站登录，能够有效地提升网站的曝光率，将网站快速呈现在普通访客面前。其中各大门户网站搜索引擎的"推荐登录"方式能够让商务网站具有较好的关键词搜索排名位置，是比较理想的登录方式。

登录谷歌、百度等专业搜索引擎：谷歌、百度等知名专业搜索引擎属于自动收录加关键词广告模式。能够被其自动收录，并在搜索相关关键词的时候具有较好的搜索引擎自然排名，这将极大地促进商务网站的营销推广和自我增值。

此外，谷歌、百度等知名专业搜索引擎也提供了单击付费模式的关键词广告。在商务网站发布初期，可以在谷歌、百度等知名专业搜索引擎上投放关键词广告。根据商务网站活动开展过程选择相应的关键词投放广告,精确锁定网站的目标访问群,能够有效提高商务网站的访问质量。如投放商务助手、EQ、电子商务、网络营销、网络顾问、企业顾问、商务、科技、E商务等关键词广告,另外可以自定义广告宣传语,以吸引感兴趣的访客访问商务网,参与到网站的各类活动中来(见表11-4)。

表11-4 商务网站登录搜索引擎工作

步骤	内容	说明	效果评估	费用预算
1	确定关键词	确定商务助手、EQ、电子商务、网络营销、网络顾问、企业顾问、商务、科技、E商务等关键词	精确定位关键词	—
2	登录门户网站	新浪、搜狐、网易推荐型网站登录	相关关键词排名前列	30 000元
3	登录谷歌、百度自然排名	做好商务网站的搜索引擎优化工作,提升网站自然排名	相关关键词排名前列	—
4	投放谷歌、百度关键词广告	投放商务助手、EQ、电子商务、网络营销、网络顾问、企业顾问、商务、科技、E商务等关键词广告,增加网站曝光率	相关关键词排名前列	60 000元

(3)网络实名

网络实名是在浏览器地址栏直接输入网站名或关键词进行网站搜索和访问的一种方式,主要分企业实名、行业实名和网络排名等方式。每天约有3000万人在使用网络实名访问网站,商务网站可根据网站自身的特点,选择适合自己的网络实名。网络实名能够有效促进网站访问量的提升和品牌的主动传播,并且访客访问时有很强的针对性,访问质量能够得到保证。

企业实名:选择注册同商务网站贴切或相关的网络实名,使访客能够无须记住网站域名,直接输入中文即可访问网站。

行业实名:选择注册通用或行业词汇,能够带来巨大的访问量,引导访客在输入相关通用或行业词汇就能够进入商务网站,提升网站和品牌的知名度。

网络排名:选择注册同商务网站密切相关的词汇,让访客在输入这些词汇后能够在显著位置找到商务网站。网络排名能够有效地进行网站推广,精确地把访客引导至商务网站,如商务、电子商务、商务助手、网络营销、企业顾问、科技等网络排名(见表11-5)。

表11-5 商务网站网络实名推广工作

类别	说明	效果评估	费用预算
企业实名	注册同商务网站贴切或相关的网络实名	使访客能够无须记住域名,输入中文即可访问网站	5000元/年
行业实名	注册5个左右密切相关的行业实名	注册通用或行业词汇,能够带来有效的访问量	30 000元/年
网络排名	选购商务、电子商务、商务助手、网络营销、企业顾问、科技等网络排名	有效地进行网站推广,把访客精确引导至商务网站	20 000元/年

(4)邮件营销推广

邮件营销是快速、高效的营销方式,但网站应避免成为垃圾邮件广告的发送者,其要参加可信任的许可邮件营销。网站通过注册会员、过往客户、电子杂志订阅用户等途径获取用户的电子邮件地址,向目标用户定期发送电子邮件广告,是有效的网站推广方式之一。

邮件列表:建设自己的邮件列表,定期制作更新"品牌网站电子杂志",向会员俱乐部会员和其他订阅用户发送,能有效地联系网站访客,提高用户忠诚度。

有奖调查:启发式设问激发邮件接收人参与调查的兴趣,在线填写问卷,前1000名将获得网站送出的精美礼品。

系列活动通报:面向所有参加活动和对活动感兴趣的访客,及时通报商务网站系列活动情况(见表11-6)。

表11-6 商务网站邮件营销推广

类 别	说 明	发送数量	发送频次	费用预算
邮件列表	定期制作更新"品牌网站电子杂志",向会员俱乐部会员和其他订阅用户发送	100万个邮件地址	每月两次,共六次	12 000元
有奖调查	启发式设问激发邮件接收人参与调查的兴趣,在线填写问卷	100万个邮件地址	一次	2000元
系列活动通报	及时通报商务网站系列活动情况	100万个邮件地址	三次	6000元

(5)网站合作推广

开展网站合作活动是有效的网站推广手段,且能提高用户的忠诚度,扩大网站影响力和提升品牌形象。广泛征求友情链接,扩大网站外部链接活力,以此来增加网站的搜索引擎曝光率,获得理想的排名效果。与线上、线下媒体充分展开合作,撰写公关文稿,关注网站发展动态,并定期发布在各媒体上,同其他网站进行各种合作是效果明显的网站推广方式,可以借合作伙伴的力量,促使品牌网站的系列活动有效开展。

友情链接:100个各类网站的友情链接,广泛征求链接互换,扩大网站外部链接活力,包括娱乐、资讯、地方门户网站、个人网站等。

合作开展活动:就某个活动或某个营销阶段同地方门户网站、企业网站、协会及行业网站,根据某一品牌网站举行的相关活动展开合作,借助合作伙伴的平台开展推广活动。

公关软文推广:就商务网站上线、各类活动开展情况、品牌网站营销心得等主题,撰写公关文稿,同相关地方门户、企业协会行业网站、网络媒体等合作,及时发布公关软文(见表11-7)。

表11-7 商务网合作推广工作

类 别	说 明	效果评估	费用预算
友情链接	100个各类网站的友情链接,包括娱乐、资讯、地方门户网站、个人网站等	扩大网站外部链接活力,促进网站推广	—
合作开展	寻求地方门户网站、企业网站、协会及行业网站,根据某一品牌网站举行的活动展开合作	扩大网站活动影响力,提升品牌形象	—

续表

类别	说 明	效果评估	费用预算
公关软文推广	围绕商务网站上线、各类活动开展情况等撰写公关文稿进行网站推广	提升商务网站公众知名度，扩大影响力	—

3. 基本费用清单（见表 11-8）

表 11-8　基本费用清单

序号	类别	主要内容	主要参数	费用预算
1	网络广告	在地方门户、地方门户资讯和行业资讯网站投放为期三个月的网络广告	三个月中，广告总显示次数达 310 万次，网站访问量约为 30 万 PV，注册人数约有 6000 人	32 万元
2	搜索引擎	确定网站关键词；登录各大门户网站搜索引擎；谷歌、百度等搜索引擎自然排名优化；谷歌、百度等搜索引擎关键词广告投放	登录新浪、搜狐、网易等门户网站，相关关键词排名前列；网站优化自然排名；投放商务、电子商务、网络营销、营销等关键词广告，搜索结果中排名前列	9 万元
3	网络实名	选择注册企业实名、行业实名以及网络排名	注册 10 个左右相关企业实名；注册城市、运动、奖品、征文、流行等行业实名；选购游戏、礼品、娱乐、品牌等网络排名	5.5 万元
4	邮件营销	通过邮件列表、有奖调查、系列活动通报等方式向用户发送电子邮件进行宣传报道	分不同内容，固定周期向 100 万个许可邮件营销地址（包括注册会员、客户地址、电子杂志订阅用户等）发送电子邮件	2 万元
5	合作推广	通过友情链接、合作开展活动、公关软文推广等形式进行合作推广	100 个网站友情链接，若干网站合作开展活动，发布相关公关软文稿件	—

技能训练

请同学们利用易企秀平台 http://eqxiu.com/home，做本校电子商务专业招生宣传的宣传网站，生成手机 App 的形式，并将做出的宣传网站页面抓图到 word 文档中，再发送到老师的 QQ 邮箱。

参考文献

[1] 吴坤，王平. 全程电子商务综合实训教程[M]. 西安：西安电子科技大学出版社，2018.
[2] 蒋定福，吴煜祺. 电子商务综合实训[M]. 2版. 北京：首都经济贸易大学出版社，2018.
[3] 方玲玉，李念. 电子商务基础与应用[M]. 北京：电子工业出版社，2015.
[4] 速卖通大学. 跨境电商数据化管理阿里巴巴速卖通宝典[M]. 北京：电子工业出版社，2015.
[5] 宋文官. 物流基础[M]. 3版. 北京：高等教育出版社，2012.
[6] 中国就业培训技术指导中心. 电子商务师国家职业资格培训教程（基础知识）[M]. 北京：中央广播电视大学出版社，2014.
[7] 中国就业培训技术指导中心. 电子商务师国家职业资格培训教程（助理电子商务师·国家职业资格三级）[M]. 北京：中央广播电视大学出版社，2014.
[8] 相成久，齐新. 电子商务应用与运营[M]. 北京：中国人民大学出版社，2010.
[9] 杨坚争，杨立钒. 国际电子商务教程[M]. 2版. 北京：电子工业出版社，2013.
[10] 肖红，郑琦. 电子商务综合实训[M]. 北京：机械工业出版社，2010.
[11] 淘宝大学. 电商运营[M]. 北京：电子工业出版社，2012.
[12] 夏火松. 电子商务理论与实务[M]. 北京：经济科学出版社，2015.
[13] 宋文官. 电子商务概论[M]. 3版. 北京：高等教育出版社，2013.
[14] 中教畅享（北京）科技有限公司：https://max.book118.com/html/2016/0803/50136443.shtm
[15] 中国工商银行：http://www.icbc.com.cn
[16] 淘宝网：http://www.taobao.com
[17] 支付宝：http://www.alipay.com
[18] 阿里巴巴：http://www.1688.com
[19] 百度：http://www.baidu.com